KB069484

백워드 설계와
수업 전문성

Harriet Isecke 저 | 강현석 · 이지은 · 정수경 공역

학지사

최근에 백워드 설계에 대한 관심이 학교 현장을 중심으로 증가하고 있다. 이러한 현상은 교과를 가르치는 수업이나 교육과정 재구성의 새로운 방안에 대한 교사들의 관심과 흥미가 높아지고 있다는 점을 시사한다. 특히 새로운 교육과정 개정에 따른 교육과정의 변화가 이를 더욱 뒷받침해 주고 있다.

이 책은 Harriet Isecke(2011)의 *Backwards Planning: Building Enduring Understanding Through Instructional Design*을 우리말로 옮긴 것이다. 거칠게 직역하면 '백워드 계획: 수업 설계를 통한 영속적 이해를 구축하기'로 정할 수 있다. 교육과정과 수업의 맥락에서 계획은 설계의 의미와 동일하므로 독자의 이해를 돕고 비교적 친숙한 용어를 살려서 '백워드 설계'로 수정하고 '수업 설계를 통한 영속적 이해를 구축하기'라는 부제를 수업이라는 용어로 압축하여 재구성하였다. 최종적으로 제목은 '백워드 설계와 수업 전문성'으로 정하였다.

백워드 설계는 Wiggins와 McTighe(1998)의 *Understanding by Design(UbD)*으로 알려졌으며, 한국에서도 2005년부터 여러 번역물(예를 들어, 강현석 외 공역, 『거꾸로 생각하는 교육과정 개발』 등)을 통해 알려졌다. 이후 2005년에 원저자들이 확장 2판을 출간하였으며, 2011년에 백워드 설계 2.0 버전이 번역물로도 출간되었다. 그것들은 백워드 단원 설계와 개발: 기본 모듈 I과 II다. 그리고 백워드 설계를 차별화 수업에 접목하는 시도도 활발하게 진행되고 있다. 특히 Tomlinson과 McTighe(2006)가 차별화 수업과 백워드 설계를 통합하는 것이 대표적인 사례다.

이 책은 백워드 설계에 매우 쉽게 접근하고 있어서 이 설계 방식을 잘 모르는 독자들도 손쉽게 이해 가능하도록 구성되어 있다. 총 9개 장으로 이루어져 있으며, 3장까지는 백워드 설계의 개요와 원리, 사전 고려 사항을 다루고 있으며, 4장은 백워드 설계 1단계, 5장과 6장은 2단계, 7장은 3단계, 그리고 8장과 9장은 차별화 수업과 백워드 설계의 통합을 다루고 있다. 각 장마다 개괄적 내용을 먼저 다루고 다양한 사례, 절차, 결론과 탐구 문제를 제시하고 있어서 독자들이 혼자 공부할 수 있도록 잘 구성되어 있다.

최근 2015 개정 교육과정이 이해중심 교육과정으로 알려지면서 백워드 설계에 대한 관심이 증가하는 것이 사실이다. 그러나 최근 교육과정 개정의 방향이 이해중심 교육과정을 강조한다고 해서 백워드를 강조할 것이 아니라, 교과를 제대로 가르치기 위해서는 백워드 설계라는 아이디어를 지속적으로 강조하고 많은 활용 방안을 고민해야 할 것이다. 우리가 교과를 진정으로 가르치는 목적과 이를 이루기 위해서 우리가 무엇을 할 수 있는지를 고민하는 모든 독자에게는 유용한 자료가 될 것으로 생각한다.

이 책을 강의 시간에 같이 읽으면서 공부를 했던 모든 학생에게 감사를 전한다. 1차적으로 백워드 설계에 대한 손쉬운 교재를 찾는 일만을 하다가 역서를 출간하는 일까지 진전하게 된 것은 모두 수강생들의 공이 크다. 그리고 원고를 수정하고 교정하는 데에 많은 도움을 준 석사과정 이지은에게도 감사를 전한다. 아울러 이 책을 멋지게 출간해 주신 학지사 김진환 사장님과 손쉽게 다듬어 준 편집부 오희승 대리님께 감사의 말을 전하고 싶다.

　모쪼록 이 자그마한 책이 학교 현장에서 수업을 진정한 이해로 변화시키고자 하는 모든 선생님에게 도움이 되었으면 하는 마음 간절하다. 백워드 설계를 통하여 우리 학생들에게 영속적인 이해 능력을 심어 주는 일이야말로 수업의 진정한 목적이며, 이 책은 이 점을 웅변해 주고 있는 훌륭한 도구다. 다시 한 번 이 책을 통하여 진도 나가기에 급급한 수업과 무목적적이고 무의미한 활동들로 넘쳐나는 교실 수업이 개선되기를 기대한다.

강현석

우리가 만약 어떤 일을 겪어 보기 전에 미래를 알 수만 있다면 많은 실수를 피할 수 있을 것이다. 그 덕택으로 우리는 실행 경로를 더 잘 짜고 목적이 분명한 결정을 내릴 수 있을 것이다. 만약 그렇다면 시간 낭비와 불필요한 걱정에 이별을 고할 수 있으리라…….

이런 희망 사항은 복잡한 우리의 삶을 살아가는 데 있어서는 불가능한 반면에, 교육과정 설계에 적용하기에는 매우 유용할 수 있다. 지역교육청 수준에서 대부분의 교육과정 전문가는 그들의 지도 혹은 맵(성취기준)을 보고 나서 교사들이 그 기준들을 가르칠 경로를 짜기 시작한다. 먼저 성취기준이 분명하게 충족될 때까지 이것을 가르치고, 그다음에는 저것을 가르치고, 그런 다음에 다음 것을 가르치라고 말이다. 이러한 행위는 목적지가 마음속에 있는 여행과 매우 흡사하다. 실행 경로를 짜지 않고 오래 여행하는 사람은 거의 없다. 각별히 준비되기를 원하는 사람들은 어느 마을에 들러 밥을 먹고, 장을 보고, 시설을 이용할 것인지를 결정하는 법이나. 그들은 Rand McNally가 믿는 오랜 도로 지도를 삭제해 버리거나 아니면 최신의 GPS 어플리케이션을 다운로드한다. 마치 성취기준처럼, 이런 유용한 도구들은 사람들을 바라는 목적지로 안내한다.

그런데 만약 우리가 그것을 교육과정 설계에 적용하는 것처럼, 다른 접근을 취하면 어떨까? 만약 우리가 성취기준이나 목표 혹은 주요 아이디어부터 시작하고 그다음 백워드로 차례차례 진행한다면 어떨까? 그러면 우리는 마지막의 총괄평가를 바탕으로 전략적인 형성평가를 개발할 수 있을 것이다. 우리는 다시 가르치기 위한 시간을 애초부터 짜 넣을 수도 있을 것이다. 아마 우리는 필요 없는 단계와 실수를 없앨 수도 있을 것이다. 목표나 성취기준, 혹은 목표로서의 주요 아이디어를 가지고, 우리는 목적이 분명한 차별화 수업을 통해 모든 학생이 성취기준에 도달하도록 신중하게 계획할 수 있을 것이다. 더 이상 우리의 차별화 수업이 단지 학생들이 목표에 도달하는 날이 올 것이라는 희망으로만 이루어지지는 않을 것이다. 학생들의 이해가 점점 더 크게 성장할 수 있도록 비계 설정된 과제가 설계될 것이다. 최종 목표를 향해 온 힘이 실릴 것이다.

백워드 설계(혹은 계획)는 가장 효과적인 차별화 수업을 가능하게 한다. 우리 모두는 최소한 한 번이라도 궁극적인 목적에 대한 진정한 고려를 하지 않고 차별화 수업을 저지른 적이 있을 것이다. 우리는 물론 학생들이 배우고 성장하기를 바라는데, 그것이 바로 우리가 평가를 차별화하는 이유다. 그러나 때때로 우리는 어떻게 학생들을 그 목표를 배우는 궁극적 목적에 이르게 해 줄지 고민하지 않고 단지 수업을 듣는 다양한 학생의 요구를 충족시키기 위해 평가를 차별화하기도 한다. 이런 유형의 차별화는 나아갈 길이나 방안이라기보다 우리가 의지하게 되는 버팀목에 가깝다. 차별화 수업은 다음 두 가지가 겹칠 때 가장 효과적이다. 학생들이 있는 바로 그곳에서 그들을 만나서, 그 목표를 학습하는 결승선을 향해 이동시켜 주는 것이다. 백워드 설계와 차별화 수업은 출발점과 결승점의 두 세계에서 최상의 것을 함께 결합한다.

　내가 교실에서 지낸 처음 몇 해 동안에 결과(혹은 최종 목적)를 마음속에 지니고 계획하는 것이 보다 효율적으로 가르치기 위한 방법이라는 것을 아는 통찰이 있었다면 좋았을 것이다. 나는 그냥 학년말까지 빽빽한 교육과정을 전부 끝내는 것에 대해서만 관심을 갖고 걱정했다. 내 동료들도 그런 경주로에 서 있기는 마찬가지였다. 우리는 학습 전문가 공동체가 아니며 주로 각자 혼자서 일했다. 우리가 문제를 해결할 수 있게 도와주고, 학습에 대한 우리의 이해에 도전하며, 가장 좋은 교수 전략을 위해 공동 연구하고, 학생들의 향상을 위해 변화를 시도할 때 우리를 지지해 주는 사람은 아무도 없었다. 백워드 설계는 우리가 교수에 대해 알고 있는 모든 중요한 것을 종합하는 핵심이다. 이는 공동 연구, 목적이 분명한 차별화 수업, 가장 좋은 교수 전략을 장려한다. 백워드 설계는 성공적인 학생을 배출하기 위한 로드맵이다. 그리고 매우 보람 있는 부산물을 창출한다. 그 부산물은 백워드 설계를 통해 당신이 교사로서 성공했다는 것을 알게 되는 소중한 보물이라고 볼 수 있다.

Wendy Conklin, M. A.

훌륭한 교수의 기초

Calvin Coolidge는 일전에 다음과 같이 말한 적이 있다. "올바른 일을 하기는 쉽다. 그러나 어려운 것은 무엇이 올바른 일인지 아는 것이다." 이 말을 생각할 때마다 나는 항상 감동을 받는다. 진정한 행복은 자신의 삶과 관련하여 올바른 일이 무엇인지를 찾고 그것에 전념하는 것으로부터 온다는 것을 나는 통감한다. 그러나 무엇이 '올바른 일'인지를 알아보는 것은 나에게 그리 쉬운 일은 아니다.

미시간 대학교를 졸업하면서 나는 내가 하고 싶은 것이 무엇인지 확신하지 못했다. 나는 뉴욕에서 필사적으로 교사 자리를 찾고 있었고, 어떤 대학 졸업자든 무료 여름 학기를 이수하면 임시 자격증을 얻을 수 있으며 1년 동안 직업이 보장된다는 것을 들었다. 그때 당시에는 이것이 좋은 생각인 것 같았다. 그래서 8주간 수업을 듣고 매주 20분 동안의 교육 실습을 했다. 그랬더니 정말로 뉴욕 주가 나를 교실에 들어가서 가르칠 수 있도록 적절히 준비된 것으로 간주해 주었고, 나는 바로 30명의 떠들썩한 청소년들의 학급을 처음으로 담임하게 되었다. 그 학생들을 사랑했고 그들을 진정으로 돕고 싶었다. 문제는 내가 그들에게 무엇을 해 줘야 하는지에 대해 전혀 몰랐다는 것과 어떤 부분에서 도와줘야 하는지 몰랐다는 것이었다. 점심을 먹으며 내가 용기를 내서 몇몇 동료들에게 조언을 구하자, 그들은 내게 자유 시간 동안에까지 학생들에 대해 논의하고 싶지 않다고 말했다. 그해 가을, 나는 '교실 속 문제 상황'이라는 제목의, 마지막으로 들어야 할 수업을 이수했다. 나는 교수님이 무엇이 우리의 가장 긴급한 문제인지 물었던 것을 기억한다. 나는 손을 들고 슬프게 고백했다. "저는 오전 9시에서 오후 3시 사이에 무엇을 해야 할지 모르겠어요."

어떻게 효과적인 교사가 되는지를 배우는 것이 나의 인생 목표가 되었고, 만약 내가 그것을 통달한다면 누구든 요청하는 사람을 도와주기로 결정했다. 결코 누구도 그 첫해에 내가 그랬던 것처럼 혼자라고 느끼거나 낙담해서는 안 된다.

학급 담임교사, 대학원생, 수업 코치, 학교 행정가, 작가, 교육 컨설턴트로서 일한 여러 해 동안 나는 어린이들이 될 수 있는 모든 이가 되도록 도우려는 깊은 열정으로부터 훌륭한 교수가 나온다고 확신하게 되었다. 나는 교수보다 미래에 영향을 끼치는 일은 없다고 생각한다. 훌륭한 교수는 어린이들이 그들이 살고 있는 세계에 대해 심오하고 영속적인 이해를 형성하도록 돕고, 어린이들을 탐험가, 사고가, 창안자, 상상력이 풍부한 사람, 호기심이 많은 사람으로 만든다. 그러나 훌륭한 교사가 되는 것은 분명 말은 쉽지만 행하기는 더 어렵다. 훌륭한 교사는 자신들의 학생에게 관심을 가지고 매일 최선을 다해 열심히 일한다. 그러나 열정 하나만으로는 부족하다. 그래서 효과적으로 가르치기 위해 준비해야 할 몇 가지 필수 요건이 있으며 그것을 간략하게 소개하고자 한다.

훌륭한 교사가 되기 위해 당신이 해야 할 일

교과(지식)에 대해 잘 알기. 당신이 모르는 것을 가르칠 수 없다는 것은 누가 봐도 분명하다. 이것은 간단해 보이지만 불행히도 언제나 그런 것만은 아니다. 때때로 교사는 자신의 전문 분야에 해당되지 않는 임무를 부여받는다. 다음의 슬픈 사례를 보자. 교사 생활 초기에 수업을 시작하기 전 우리 학교의 과학 전문가가 나에게 달려왔다. 그녀는 재빠르게 물었다. "태양이 지구 주위를 도는 건가요, 아니면 지구가 태양 주위를 도는 건가요? 내가 이것을 다음 시간에 가르쳐야 하는데 잊고 있었어요!" 그 학교는 이 사람을 과학 담당으로 고용하는 현명하지 못한 결정을 내렸지만 그 교사도 그 상황을 해결할 수 없기는 마찬가지였다. 그녀는 가르쳐 보기 전에는 어떤 제재를 실제로 학습하는 것에 대해 아무 책임감을 갖지 못했다. 그해 과학시간에 학생들이 무엇을 배웠을지 생각하면 몸서리쳐진다.

특정한 내용이나 주제를 가르치는 데 필요한 지식 갖추기. 내용 하나에 대해 정통하는 것만으로는 부족하다. (당신의 대학 시절 몇몇 교수에 대해 돌이켜 보라!) 어떤 전문가들은 자기 분야의 정보들을 너무 이해하기 쉽게 여겨서, 다른 이들이 배우기에 무엇이 쉽고 무엇이 어려운지 구별하지 못할 수 있다. 단지 누군가가 전문가라는 말이 그가 알아듣기 쉬운 설명을 할 수 있다는 뜻이 되지는 않기 때문이다. 교사는 학생이 그들 과목이나 주제의 중심 개념을 이해하도록 하기 위해 필요한 기초적인 지식과 기능을 알아야만 하고, 학생이 필요한 연결고리를 짓도록 돕기 위해 그들의 관련 선행 지식을 활용할 수 있어야 한다. 교사는 또한 학생이 새로운 제재를 배울 때 마주할 수 있는 전형적인 어려움에 대해서도 이해하고 어떤 전략이 힘겨워하고 있는 학생을 돕는 데에 가장 도움이 되는지 결정해야 한다. 이것은 배우는 데에 시간이 걸리고 신중한 관찰을 요한다. 신규교사는 학생이 가장 힘들어할 것 같은 제재를 이해하는 데 있어, 그리고 어려운 주제에 접근하는 가장 효과적인 방법을 아는 데 있어 효과적이고 경험 있는 교사에게 도움을 얻길 원할 수도 있다. 학교는 멘토십 프로그램을 통해 이런 아이디어가 교환될 수 있도록 해야 한다.

학급경영 기법 알기. 만약 당신이 학생의 주목을 얻지 못하거나 혹은 얻더라도 유지하지 못한다면, 당신이 당신의 교과에 대해 그리고 좋은 수업에 대해 얼마나 잘 알고 있는지는 중요하지 않다. 학생은 체계적이지 못하거나 혼란스럽거나 위험한 분위기에서는 학습할 수 없다. 학급경영 권위자 Harry Wong은 그의 책 『학교에서의 첫날: 효과적인 교사가 되는 법(*The First Days of School: How to Be an Effective Teacher*)』(1998, 2001)에서 효과적인 경영 기법의 개요를 명확하게 서술하고, 경험이 부족한 많은 교사가 규칙을 절차와 혼동하여 저지르는 흔한 실수를 설명한다. Wong에 따르면 규칙은 행동에 관한 예상을 좌우하고, 반면에 절차는 어떻게 일이 행해지는지를 좌우한다. 교사들은 의미 있는 규칙을 몇 가지만 세워야 하고, 이 규칙들을 깬 결과는 명백하고 공정하고 일관되고 타당해야 한다. 규칙은 '자기 일은 자기가 할 것' 혹은 '자신과 다른 사람들의 소유물을 존중할 것'과 같이 긍정적인 방식으로 표현되어야 한다. 교사는 단지 규칙들이 깨졌을 때가 아니라 그것들이 잘 지켜지고 있을 때 그것들을 언급함으로써 규칙을 강화할 수 있다.

그런 반면 절차는 학급 '길잡이'다. 그것은 교실이 순조롭게 운용되도록 하기 위해 학생이 따라야 할 과정이다. 이를테면 절차는 학생이 교실에 들어오거나 나갈 때, 당신이 주의 신호를 보낼 때, 자료가 배분되거나 수합될 필요가 있을 때, 학생이 짝 혹은 그룹 활동을 할 때, 학생이 연필을 깎아야 할 때, 학생이 자기 자리에 없는 자료나 재료를 사용해야 할 때와 같은 다양한 상황에서 당신이 학생에게 원하는 행동을 포함한다. 절차는 신중하게 설명되고 시범되어야 한다. Wong(1998, 2001)에 따르면, 학생이 절차를 올바르게 따르는 것에 실패했을 때 당신은 처벌하지 않는다. 당신은 단지 그것이 일상적으로 여겨질 때까지 학생이 그 절차를 반복적으로 연습하도록 한다. 당신의 절차는 여러모로 고려되어야 하고, 일관되고, 명백하며, 효율적이고, 매우 잘 연습되어야 한다.

지속적으로 학생의 요구를 사정하고, 발견해 낸 것을 근거로 여러분의 수업을 조정하기. 단지 성적을 받기 위한 시험을 치르는 것은 적절하지 않다. 당신이 행하는 시험 대부분은 형성적이거나 아니면 당신의 수업에 정보를 주거나 수정하기 위해 사용되어야 한다. 당신은 학생이 무엇을 아는지, 그리고 당신이 가르치는 동안 그들이 어떤 혼동을 느꼈는지 알아내기 위해 평가를 실시해야 한다. 이 방식으로 당신은 다음에 무엇을 가르칠지, 그리고 그것을 어떻게 효과적으로 가르칠지 결정할 수 있다.

물론 당신은 수업을 현재 학생의 요구에 맞게 만들기 위해 평가 결과를 재빨리 분석해야 할 것이다. 모든 평가가 기록될 필요는 없다. 일부는 학생들이 배우고 있는 것을 얼마나 잘 적용할 수 있는지에 대해 당신이 볼 수 있도록 수행에 기초한 것이어야 한다. 이는 학생들이 정보를 발표하는 것, 토론이나 수행에 참여하는 것, 그들의 조사연구를 논의하는 것, 독창적인 프로젝트나 발명을 창조하거나 설명하는 것, 실험을 수행하고 분석하는 것, 문제를 어떻게 해결했는지 설명하는 것 등을 의미할 수도 있다.

평가의 일환은 예리한 학생 관찰자가 되는 것을 포함한다. 학생들은 직·간접적으로 그들이 아는 것을 드러내고 다양한 방식으로 학습할 준비가 되어 있다. 그들의 행동, 질문, 대답, 대화를 신중하게 조사함으로써 당신은 그들이 가지고 있을지도 모르는 오개념뿐만 아니라 그들이 이미 이해하고 있는 것을 알 수 있다. 학생의 이야기를 듣고 그들이 만든 결과물을 살펴봄으로써 당신은 그들이 어떤 기능을 가졌는지, 무엇을 해낸 것에 대해 자신감을 가지는지, 어떤 부분에서 실패할까 봐 걱정하는지, 무엇을 즐거워하는지, 무엇을 싫어하는지 알 수 있다. 학생이 자신의 기능, 관심사, 학습 방식에 대해 당신에게 드러내 보이는 것은 당신이 공식적·비공식적 방식으로 수업의 초점을 계속해서 학생의 요구에 맞출 수 있도록 돕는다. 이것이 처음에는 도전으로 보일 수 있지만 이는 곧 습성이 될 것이고, 당신이 훌륭한 교사가 되도록 도울 것이다!

효과적인 수업 기법 이해하기. 교수에 사용되는 핵심적 기법 중 하나는 점진적 책임이양 모형(Gradual Release of Responsibility Model)이다. 이것은 Pearson

과 Gallagher(1983)의 연구에서 나왔다. 이 모형에서 교사는 새로운 학습을 모델
링하는 것부터 시작하고 학생이 하고 있는 것을 그것을 통해 확실히 이해하도록
사려 깊게 그들을 안내하면서, 그들에게 점점 더 학습에 대한 책임을 이양한다.
학생은 새로운 개념이나 기능을 사용하는 독립된 연습과 문제해결을 통해 의미
를 구성할 시간이 많이 필요하다. (이 모형을 더 깊이 살펴보기 위해서는 부록 A를
보라.)

또 하나의 필수 요건

계획할 때 마음속에 목적을 분명하게 지니기. 교수의 주요 목적은 학생이 공부
하고 있는 주제 너머의 중요한 아이디어에 대한 영속적 이해에 도달하도록 돕는
것이다. 학생들이 영속적인 이해에 도달하도록 돕기 위해 당신은 학생들이 성취
하기를 원하는 결과와 그들이 완전히 이해하기를 원하는 주요 아이디어(big idea)
를 중심으로 당신의 수업을 설계해야 한다. 일관성 있게 좋고 유용한 학습 단원을
만들기 위한 효과적인 방법을 백워드 설계라고 하는데, 이는 설계를 통한 이해
(Understanding by Design: UbD)에 근거하고 있다. 이 방법은 원래 Grant Wiggins
와 Jay McTighe가 개발하였고, 1998년에 이 제목으로 나온 그들의 책에서 자세
히 설명하고 있다. 이러한 백워드 설계가 이 책의 주된 주제다.

나는 심사숙고하는 이런 유형의 계획이 쉽다고 주장하지는 않겠지만, 이것이
노력할 만한 가치가 있는 것이며 이 책이 백워드 설계에 대해서 안내, 조언, 사례
를 충분히 제공하여 그 방식을 따라가도록 도울 수 있는 훌륭한 도구라고 장담할
수 있다.

이 책의 개관

이 책이 다루고 있는 본질적 질문은 학생들이 영속적 이해를 성취할 수 있는

학습 단원과 수업을 어떻게 설계할 것인가. 당신이 영속적 이해에 대해 가르칠 때 당신의 학생은 그들에게 무의미해 보이는 별개의 사실들을 단순히 암기하는 것이 아니다. 그보다 학생은 흥미로운 주요 아이디어에 대해 숙고하고, 주제를 정의하는 개념의 밑에 놓인 것에 대해 자신들만의 의미를 구성한다. 학생은 새로운 상황에 그들의 지식을 어떻게 적용하는지 배우고, 실제 문제를 해결하기 위해 그들이 아는 것을 활용한다.

그러나 한 가지 어렴풋이 보이는 문제가 남아 있다. 어떻게 이것이 감당할 수 있는 방식으로 달성될 수 있을 것인가? 숭고한 이상은 멋지지만, 현실적인 것이 중요하다. MIT의 Seymour Papert 교수(2009)는 교사들이 장차 미래에 그들이 할 수 있을 것에 대해 단지 집착하거나 사로잡힐 수만은 없다고 정확하게 지적했다. 그들은 수업을 해야 하는 상황에서 당장 무엇을 할 수 있을지 알아야 한다.

솔직히 말해서, 가르치는 것은 고도로 스트레스가 많은 일이다. 교사는 학생이 매일 그들의 교실수업에서 배우는 것에 대해 책임이 있다. 그러나 그게 전부가 아니다. 교사는 또한 그들이 가르치는 아이들의 동기, 정서적 안녕, 자신감에 대해서도 책임감을 공유하며, 학생뿐만 아니라 관리자와 학부모에게도 답해야만 한다. 교사는 매우 바쁜 사람이고, 한 가지는 분명하다. 그들에게는 결코 충분히 계획할 시간이 주어지지 않는다. 영속적인 이해를 가르치는 것은 훌륭한 아이디어고, 다른 훌륭한 아이디어들처럼 그것은 훌륭한 결과로 이어질 수 있다. 그러나 이 유형의 교수는 배우는 데에 시간과 노력이 든다.

Albert Einstein이 한때 말했다. "더 크게 만들고 더 복잡하게 하는 일은 머리가 좀 돌아가는 바보라면 누구든지 알 수 있다. …… 그와 정반대되는 일을 하려면 천재성과 엄청난 용기가 필요하다. 모든 것은 가능한 한 간단해야 하지만, 지나치게 간단해서는 안 된다." 이처럼 이 책의 목적은 계획 과정을 이해하기 쉽게 설명하는 것이다. 그것은 교육자에게 풍부한 단계를 희석시키지 않으면서도 가능한 한 가장 간단하고 가장 실제적인 방식으로 학생의 영속적 이해를 위한 계획을 어떻게 해야 하는지 보여 주는 것이다. 이 책에서 우리는 영속적인 이해를 위한 교수를 하는 이유와 이 유형의 계획을 가능한 한 간단하고 효과적이고 효율적으로 만들기 위한 구체적인 절차 모두를 탐색한다.

이 책은 세 가지 주요 아이디어를 통해 진행된다. 백워드 설계를 뒤에서 지지하는 근거와 연구, 수업 단원을 설계하기 위해 백워드 설계를 사용하는 방법, 수업 설계의 핵심인 차별화 수업과 교실수업 경영을 지속하는 법이다.

1장. 설계를 통한 이해 Understanding by Design(혹은 백워드 설계)의 기초적 요소와 원리를 논의한다.

2장. '이해'가 실제로 무엇을 의미하는지, 학생이 어떻게 의미를 구성하는지, 그리고 학생이 이해의 깊이를 증명할 수 있는 다양한 방식을 검토한다. 이 장은 또한 계획에서 고려되어야 할 학습의 여섯 가지 측면을 소개한다.

3장. 수업의 폭과 깊이 사이의 적정성을 논의하고 어떤 주제가 깊이 있는 학습에 적합한지 결정하는 법을 다룬다. 이 장은 또한 설계를 통한 이해 원리를 활용하여 학습단원을 설계하는 다양한 방법을 상세히 보여 준다.

4장. 백워드 설계의 1단계를 다룬다. 이것은 학습단원 목표를 어떻게 결정하는지를 설명한다. 이것은 성취기준 이용하기, 주요 아이디어 결정하기, 본질적(혹은 안내) 질문 작성하기, 학습 목표 세우기, 흥미롭고 실제적인 궁극의 프로젝트 개발하기에 대해 다룬다. 이 장은 또한 특히 당신이 스스로의 계획을 위한 모형으로 활용할 수 있는 생태학 단원을 포함한다.

5장. 백워드 설계의 2단계를 다룬다. 그 단계는 당신이 효과적으로 가르치기 위해 필요한 정보를 주는 평가의 공식적이고 비공식적인 다양한 유형을 검토한다.

6장. 학생의 이해를 촉진하는 평가와 루브릭을 선택하거나 창안하는 것에 초점을 둔다. 그것은 학생이 다른 이들과 구성주의적으로 함께 활동할 수 있도록 도울 동료 피드백 그룹에 대해 설명하고, 학생이 가장 효과적으로 성취하도록 하기 위해 당신이 반응을 보일 수 있는 방식을 묘사한다.

7장. 백워드 설계 과정의 3단계를 다룬다. 3단계는 효과적이고 매력적인 매일의 차시 활동들을 어떻게 계획하는지에 대한 아이디어들로 채워져 있다. 3단계에서는 학생이 정보를 통달하고, 아는 것을 무언가 독창적인 것을 창안하는 데 적용하고, 새로운 문제를 해결하는 것을 도울 단계별 기법을 제시한다.

8장. 미래의 세계적 도전에 대해 학생을 준비시키는 데 있어 학교가 맞닥뜨린 패러다임 변화를 다룬다. 이 장에서는 학생의 요구, 관심사, 학습 방식에 초점을 둔 수업이 갖춰야 할 것을 탐색하고, 차별화 수업이 어떻게 백워드 설계 모형과 관련될 수 있는지 보여 준다. 이 부분은 수업을 내용, 과정, 결과 면에서 어떻게 효과적으로 차별화하는지에 대한 구체적인 아이디어를 제시한다.

9장. 교실 조성, 그룹 활동에 대한 절차 세우기, 효율적인 성적 관리 기법들에 대한 아이디어를 포함하여, 학생중심 학급을 조직하고 운영하는 방법을 탐색한다.

부록. 백워드 설계를 통해 스스로의 여정을 시작할 때 도움이 될 템플릿, 계획 도구 그리고 수업 아이디어들이 구성되어 있다.

차 례

제1장 백워드 설계의 주요 아이디어

나는 학창 시절에 뛰어난 학생으로 여겨지고는 했다. 인정받으려는 욕구 때문에 나는 선생님들을 기쁘게 하고, 주의를 집중하고, 과제를 제때에 제출하고, 모든 규칙을 따랐다. 나는 쪽지 시험과 시험을 위해 필요한 것은 무엇이든 암기했다. 나는 질문을 많이 하지는 않았지만 그 경기를 어떻게 하는 건지 알고 있었다. 즉, 그 세계가 어떻게 돌아가는지 알고 있었다. 나는 심지어 흥미롭지 못하거나 나와 거의 혹은 아무 상관없는 제재에 있어서도 좋은 성적을 받을 수 있었다. 그러나 내가 매우 잘했음에도 불구하고 나는 배운 것을 거의 기억하지 못한다. 반면, 나의 남편은 형편없는 학생이었다. 그는 항상 자기 주위의 세계를 이해하려는 열정이 깊은, 본능적으로 꼬치꼬치 캐묻는 학생이었다. 지금까지도 그는 끊임없이 그가 아는 것을 활용해 새로운 문제를 해결하려고 한다. 그러나 듣자하니 학창 시절 그는 선생님들을 기쁘게 하는 데 아무런 관심이 없었고, 수업을 동떨어지고 지루한 것으로 느꼈다. 그는 학교 숙제를 가능한 한 적게 했다. 매일 그가 한 일은 책상 밑에 둔 책을 다 읽으려고 하면서 스스로에게 개인적으로 도전하는 것이었다. 나처럼 나의 남편도 학교에서 배운 것을 거의 기억하지 못하지만 그는 인정받으려는 욕구에 의해서가 아니라 자기를 둘러싼 세계를 이해하려는 욕구에 의해 그렇게 했기 때문에, 그는 다른 많은 교과에 대한 깊고 영속적인 이해 체계를 쌓았다. 오늘날까지도 나는 여전히 남편의 엉망인 성적에 대해 놀린다!

William Lowe Bryan은 이렇게 말했다. "교육은 사람이 기꺼이 대가를 지불하고도 얻어가는 것이 없는 몇 안 되는 것들 중 하나다." 나는 수년간 내 남편과 내가 학교에 접근했던 다른 방식에 대해 오래도록 열심히 생각해 왔다. 학습에 있어 주인 의식이 필수적이라는 것이 내게 분명해졌다. 당신은 다른 사람들에게 어떠한 유형의 의미 있는 이해도 받아들이도록 강요할 수는 없을 것이다. 학습자는 결국 모든 영속적 이해에 이르기 위해서 능동적으로 그들을 둘러싼 세계에 대해 이해해야만 한다. 이 깨달음은 교사로서의 나에게 커다란 영향을 주었다. 나는 내가 학생에게 제공한 교육이 반드시 그들이 나를 기쁘게 하거나 좋은 성적을 얻기 위해서 해야 한다고 생각되는 단지 임의적인 것들을 넘어서도록 하고 싶었다. 나는 실제 학생들의 환심을 사고 내 자신이 쓸모가 있음을 알려야 했다. 나는 내 수업이 학생을 궁극적으로 갈망하게 하고 자신의 학습에 능동적으로 참여하도록 하기 위해서는 방향, 체계, 일관성, 그리고 무엇보다도 명백한 목적을 지녀야 함을 알고 있었다. 나는 학생들의 호기심을 불러일으키고 그들의 흥미와 요구를 정확하게 수업의 중심에 위치시켜야 했다.

이러한 일들이 수업에서 제대로 일어나도록 하기 위해서는 우리는 많은 것을 생각해야 한다. 먼저, 장기적 목표를 정해야 했다. 나는 매일의 계획을 넘어서서 생각해야 했고 학생들이 내 학급을 떠나고 난 뒤에도 오랫동안 그들이 지니기를 원하는 것을 알아보아야 했다. 심지어 말로 아이디어를 적절하게 표현하기 전에도, 나는 영속적 이해가 학생의 삶 속에 미력하나마 가장 중요한 차이를 만들 수 있도록 가르쳐야 함을 이해했다. 이 영속적 이해는 학생이 나를 교사로 둠으로써 얻을 수 있는 진정한 혜택이었을 것이다. 그리고 나는 교수의 결과로서 내가 원하는 것이 무엇인지 문명히 확인하고, 학생이 내가 가르치고 있었던 중심 개념을 심오하게 탐구하도록 하는 방법을 결정해야 수업을 효과적으로 계획할 수 있음을 깨달았다. 이것은 백워드 설계 모형을 활용한 계획을 의미한다.

백워드 설계를 뒷받침하는 연구

Wiggins와 McTighe의 설계를 통한 이해 프레임워크(1998)는 30년의 인지심리학 연구에 뿌리를 두고 있다. 그 연구의 요약은 『학습하는 법: 뇌, 마음, 경험 그리고 학교(*How People Learn: Brain, Mind, Experience, and School*)』(Bransford, Brown, & Cocking, 1999)라는 책에 나온다. 심리학자, 신경과학자, 교육자는 사람들이 깊이 있는 이해를 얻고 새로운 상황에 배운 것을 적용하기 위해서 어떤 조건이 필요한지 조사하였다. 연구 결과는 기계적인 암기가 영속적인 이해를 이끌어 낼 수 없음을 보여 준다. 어떤 주제에 대한 깊고 영속적인 이해를 형성하기 위해 학습자는 사실을 넘어 근본적인 개념과 원리를 탐구해야만 한다.

20세기 초, 직장의 요구는 매우 간단했다. 대부분의 교육은 읽기, 쓰기, 계산 기능 습득에 초점을 두었다. 학생은 기본적인 사실과 수치를 암기하고 중요한 성경과 문학 구절을 배울 필요가 있었다. 학교는 학생이 비판적으로 혹은 상상력 풍부하게 생각하거나, 설득력 있게 자기 생각을 표현하거나, 새로운 문제를 해결하는 데 지식을 적용하거나, 혹은 그들만의 창의적인 문제해결책을 개발하도록 교육하지 않았다. 그 당시 수준 높은 교육을 받았다고 여겨지는 사람은 역사, 지리, 수학, 라틴어, 종교에 대해 아는 것이 많고, 위대한 고전 문학에 나오는 긴 구절을 암송할 수 있는 사람이었다.

지난 몇 십 년 동안에는 극적인 세계적 변화가 일어났다. 이 변화는 엄청난 영향을 끼쳐 왔고, 우리가 이제는 학교에 두어야 할 요구를 근본적으로 바꾸었다. 기술의 발달로 엄청난 양의 정보(그리고 오보)가 말그대로 사람들의 손끝에 달려 있다. 이해 가능한 인간 지식의 순전한 규모가 너무 빠르게 확장되고 있어서, 학교는 요구되는 것의 작은 부분조차도 해결할 엄두를 낼 수 없다. 직장에서의 새로운 압력은 사람들에게 어떤 정보가 믿을 만하고 관련성이 있는지 알아차리고, 함께 공동 작업하며, 생산적으로 생각하도록 요구한다. 단순히 기억하고 정보를 전달하는 것만으로는 더 이상 충분하지 않다. 따라서 학교에서의 효과적인 학습의 정의야말로 한때 반복 훈련, 연습, 회상을 강조했던 모형에서 그 목적이 "지식을 이해하고 적용하는 것"인 모형으로 변화하고 있다(Bransford, Brown, & Cocking, 1999).

지난 몇 십 년 동안에는 또한 중요한 뇌 연구가 이루어졌다. 인지 연구자들은 서로 다른 주제 영역에서 전문 지식으로 여겨지는 것을 조사해 왔다. 이 아이디어는 전문가가 자신의 지식을 가장 잘 활용할 수 있는 사람들이고, 그래서 우리가 학생에게 전문가처럼 생각하도록 가르쳐야 한다는 것이다. 이 연구들은 전문가를 초보자와 구분하는 몇몇 결정적 특징을 보여 준다. 중요한 차이점은 전문가와 초보자가 정보를 어떻게 조직하고 저장하는지와 그들이 새로운 문제에 어떻게 접근하는지에 있다. 이러한 차이는 효과적인 학습에 중요한 영향을 미친다.

정보를 저장하고, 조직하고, 인출하는 데 있어 전문가와 초보자의 기본적인 차이점은 무엇일까? 전문 지식은 단순히 단편적인 사실이나 절차로 구성되지 않는다. 대신, 전문가는 주제의 핵심 개념이나 주요 아이디어를 중심으로 그들이 아는 것을 조직한다. 다시 말해, 전문가는 명확하게 이해하고 사용할 수 있는 주요 아이디어의 틀을 가지고 있다. 전문가는 새로운 관련 정보를 그 틀에 맞추어 그것을 쉽게 인출할 수 있도록 한다. 반면에, 초보자는 주제에 대한 몇 가지 기본적인 사실이나 수치를 회상할 수 있을지는 모르지만 정보들 사이의 큰 관련성을 보거나 필요할 때 그것을 인출하는 데 어려움이 있을 수도 있다.

전문가와 초보자가 새로운 문제를 접근하는 방법에는 어떤 구체적인 차이점이 있는가? 모든 분야의 전문가는 문제를 해결하려고 하기 전에 새로운 문제에 대한 이해를 먼저 시도한다. 전문가는 새로운 문제에 직면하면, 그것의 중요한 영향력에 대해 숙고한다. 그들의 지식은 단지 기억하는 능력보다는 이해와 전이를 뒷받침하는 정보의 유의미한 패턴으로 조직되기 때문에, 그들은 유효하게 필요한 정보를 인출할 수도 있고 정확한 해결을 제안하기 위해 그것을 전이하거나 적용할 수도 있다. 이와 대조적으로, 초보자는 문제를 충분히 이해하지 않고 처음부터 불쑥 끼어들어 새로운 문제를 빨리 해결하려고 할 가능성이 많다. 초보자의 정보는 고도로 조직되어 있지 않기 때문에 그들은 관련되는 것을 알지 못할 수도 있으며, 그로 인해 즉각적으로 정확한 공식이나 기계적인 대답을 추구할 가능성이 높다.

교사로서 우리의 목표가 학생이 배운 내용을 새로운 문제해결에 적용할 수 있도록 하는 것이라면, 우리는 전문가가 하는 것처럼 학생이 정보를 유의미한 패턴으로 조직하는 것을 도와야 한다는 결론이 나온다. 우리는 더 이상 단절되거나 협소한 맥락에서 기능과 지식을 가르쳐서는 안 된다. 학습의 전이는 학습자가 사실과 공식 뒤에 숨어 있는 유도 원리를 이해할 때만 가능해진다. 불행하게도 학생에게 지식의 전이는 언제나 쉽지만은 않다. 우리는 학생에게 배우는 것의 관련성을 보여 줌으로써 그 과정을 가속화할 수 있다. 우리는 그들에게 학습하고 있는 것들이 언제, 어디서, 어떤 것이, 어떻게 활용될 수 있는지 구체적으로 보여 줘야 한다. 우리는 또한 그들에게 새로운 상황에서 배운 것을 적용하는 것을 연습할 충분한 시간을 줘야 한다.

인간의 뇌가 정보를 어떻게 받고, 보관하고, 다시 보관하는지 그리고 이해가 실제로 무엇을 의미하는지 알아보기 전에 설계를 통한 이해(Understanding by Design, 1988)로 불리는 Grant Wiggins와 Jay McTighe의 설계 절차의 독특한 특징들을 자세히 살펴보고자 한다.

설계를 통한 이해는 무엇인가

백워드 설계(또는 Understanding by Design: UbD)는 학습단원을 계획하기 위한 구체적인 과정이다. 당신은 수업의 최종 결과가 무엇이 되길 원하는지를 결정하는 것으로부터 시작하여, 어떻게 거기에 이를지를 알아내기 위해 '백워드'로 계획한다. Grant Wiggins와 Jay McTighe는 1998년, '설계를 통한 이해(Understanding by Design)'를 같은 제목의 책을 통해 소개했다. 그들의 설명에 따르면 백워드 설계, 혹은 결과를 염두에 둔 계획이 사실 실제로는 백워드는 아니다. 예컨대, 휴가를 계획할 때 우리는 어떻게 거기에 갈 것이며 정확히 무슨 짐을 쌀 것인지 결정하기 전에, 어떤 휴가를 원하며 어디로 갈 것인지 정한다. 그러나 백워드 계획은 많은 교사가 전통적으로 수업을 준비하고 지도 편달하는 방식과는 차이가 있다. 많은 교사는 하루하루 살아남는 것으로 인해 너무나도 수렁에 빠지게 되어 최종 결과 측면에서는 생각하지 않는다. 일부는 처음부터 끝까지 교사 지침서를 따를지 모르지만, 그렇지 않은 이들은 학생을 계속해서 바쁘게 만들기 위해 관련 없거나 관련이 적은 활동들을 제시한다. 일부는 분명하고 장기적인 목표를 염두에 두지 않고 교재 전체(혹은 지식을 송두리째)를 해치우려고 한다. 많은 교사가 수업의 결과로서 학생이 지니기를 원하는 깊고 영속적인 이해에 대해 생각해 보지 않고 곧장 수업에 임한다.

설계를 통한 이해는 범위와 계열이 명시되는 미리 가공된 교육 프로그램이 아니다. 그것이 내포하고 있는 아이디어는 교사가 가르치고 있는 것에 대한 통제권을 가져야 하는 전문가라는 것이다. 교사는 Wiggins와 Grant가 명확한 설계 원리로 칭한 방법을 사용함으로써 이해를 촉진하는 수업 단원을 어떻게 설계할지 결정할 수 있다. 이것은 우리가 이 책을 통해 아주 깊이 있게 탐색하는 아이디어 중 하나다.

Wiggins와 McTighe는 본래의 책과 새로운 『설계를 통한 이해(*Understanding by Design*)』 두 번째 개정판(2005, 22) 모두에서, 유용한 UbD 계획 템플릿을 제공하여 UbD 3단계의 개요를 보여 준다.

- 1단계: 바라는 결과 확인하기
- 2단계: 수용 가능한 증거 결정하기
- 3단계: 학습 경험과 수업 계획하기

단계 1: 바라는 결과 확인하기

백워드 설계 1단계에서 우리는 학생들이 학습 조직 구조로 사용하기를 원하는 주요 아이디어와 지도 원리를 확인하는 것으로부터 시작한다. 우리는 학생이 알기를 그리고 할 수 있기를 원하는 것을 분명히 명시하고, 새로운 문제를 해결하기 위해 배운 것을 조직하는 데 있어 우리가 그들을 어떻게 도울 수 있는지 알아낸다. 그런 다음 우리는 학생을 현재 위치에서 우리가 그들이 있기를 원하는 곳으로 이끌어 줄 수업에 대한 로드맵을 작성하기 위해 백워드로 계획할 필요가 있다.

연구는 피상적인 방법으로 여러 내용을 다루는 것이 학생에게 필요한 기능을 개발하는 데 도움이 되지 않는다는 것을 보여 준다. 사실, 수업이 너무 많은 내용을 포함하는 것은 연관된 지식보다 연관이 없는 지식의 개발로 이어질 수 있다. 학생은 그것에 대해 깊이 학습할 시간을 충분하게 갖지 못하기 때문에 실제로 그들이 아는 것을 체계적으로 조직하지 못하도록 막을 수도 있다.

그러므로 교육과정은 지식의 폭보다 깊이를 강조해야 한다. 백워드 설계를 활용하여 학습단원을 만들 때, 모든 것을 가르치는 것은 불가능하다. 당신은 무엇이 영속적으로 이해할 만한 것인지, 수업의 어떤 측면에 심오한 탐구가 필요한지, 어떤 정보를 생략해도 되는지 정하고 우선순위를 매겨야 한다.

효과적인 수업이 되기 위해서는 교사가 학생의 지식을 영속적으로 평가할 필요가 있다. 평가가 효과적이려면 학습 목표와 일치해야만 한다. 만약 목표가 깊은 이해와 전이를 발전시키는 것이라면, 사실과 공식을 회상하는 데 주된 초점을 둔 평가를 제공하는 것으로는 충분하지 않다. 이런 종류의 정보는 주기적으로 사용되지 않고 원리 기저의 개념적 이해로 이어지지 않기 때문에 재빨리 잊힌다.

단계 2: 수용 가능한 증거 결정하기

학생은 자신의 지식을 언제, 어디서, 왜, 어떻게 사용할지 알고 있다는 것을 설명하고 증명해야 한다. 따라서 백워드 설계의 2단계에서 당신은 어떤 종류의 평가가 당신에게 학생이 아는 것과 할 수 있는 것에 대해 가장 유용한 정보를 줄지 판단해야 한다. 가장 유용한 평가는 학생이 가지고 있는 모든 혼란을 당신이 정확히 찾아내는 데 도움을 줄 것이다. 그러면 당신은 수업이 그들의 변화하는 요구를 충족시키기 위한 방향으로 겨냥하도록 이 정보를 사용해야 한다.

연구는 또한 학생이 효율적이고 효과적으로 배우기 위해 시기적절하고 구체적인 피드백을 필요로 함을 보여 준다. 일부 교사는 학생이 생각과 행동을 수정하기에는 너무 적거나 너무 일반적인 혹은 너무 늦은 피드백을 제공한다. 교사는 학습 과정에서 학생이 겪는 혼란을 명확히 할 필요가 있다. 이것은 학생에게 사고와 이해의 질을 향상시킬 수 있는 기회를 제공하고, 그들이 의미 있는 학업 개선을 할 수 있게 돕는다. 학교에서 대부분의 평가는 총괄적이고 과제나 프로젝트의 마지막에 이루어진다. 특히 이것이 지연된다면 총괄적인 피드백은 학생의 성적을 매기기에는 좋지만 기본적으로 학습 과정에서는 소용이 없다.

단계 3: 학습 경험과 수업 계획하기

상이한 교과나 학문들은 각기 다른 방식으로 조직되어 있음을 연구들은 보여 준다. 학문들은 그들 고유의 특정한 탐구 방법이 있고 증거를 구성하는 것으로써 다른 요구 조건을 가진다. 예컨대, 역사적 주장을 증명하는 증거는 과학적 가설을 뒷받침하는 데 요구되는 증거와 다르다. 좋은 교사는 어떤 과목이든 같은 수준의 효과성을 가지고 가르칠 수 있다는 것은 사실이 아니다. 교사는 그들 각자의 학문에서 효과적이도록 특정 교수학적 내용 지식(content knowledge) 혹은 내용 교수 지식(pedagogical content knowledge)을 갖춰야 하지만, 내용 지식 하나만으로는 효과적인 교수에 불충분하다. 교사는 어떤 수업 방법이 학생을 사로잡고 그들이 교수되는 특정 내용을 이해하도록 도울 법한지 알아야만 한다.

그러므로 백워드 설계의 3단계에서 당신은 학생이 단원 목표를 성취할 수 있도록 특정 학문에 있어 차시를 구성하는 최상의 방법을 알아낸다. 당신은 학생이 자신이 하고 있는 활동으로부터 주제나 과목의 주요 아이디어에 대한 의미를 구성할 수 있도록 교실을 정비할 필요가 있다. 학생은 사고, 활동, 지속적 성찰에 능동적으로 참여해야 한다. 학생들은 가만히 앉아 당신의 값진 지식을 수동적으로 받는 사람이 되어서는 안 된다.

동기를 유지하기 위해, 학생은 자신이 하는 활동이 유용하고, 자신과 상관 있고, 실제적이라고 느껴야만 함을 기억하라. 실제적인 과제는 높은 수준의 사고를 요구하고 교실 너머에서도 가치 있다. 만약 학생이 그들이 하고 있는 것의 가치나 관련성을 알지 못한다면, 아마도 그들은 깊은 연관을 지으려 노력하도록 고무되지 않을 것이다. 의미 있는 학습은 학생이 진정한 가치가 있음을 아는 것에 매진할 때 이루어진다. 그것이 학생이 실제 세계에서 적용할 수 있는 영속적 이해에 도달하는 때다.

백워드 설계의 개관

이 책은 본래의 설계를 통한 이해 과정에 대해 더 상세히 기술하고, 뇌가 어떻게 정보를 다루고 의미를 구성하는지에 초점을 둔다. 이것은 당신이 영속적 이해를 위해 가르치는 데에 사용할 수 있는 구체적인 뇌 친화적 전략에 대해 설명하며, 또한 계획과 실행 과정 모두에서 당신을 이끌어 주는 많은 구체적인 교실 사례를 포함한다. 하지만 깊이 다루기 전에, 〈표 1-1〉이 백워드 설계의 각 단계 요소들을 매우 간단히 보여 줄 것이다. 만약 당신이 UbD를 처음 접하거나 묻고 싶은 질문의 예시를 보고 싶다면 이 모형의 '훑어보기'를 제공하는 부록 B(185-187쪽)가 유용할 것이다. 그리고 부록 C(188쪽)는 당신이 착수하도록 도와주는 간단한 계획 템플릿을 제공한다.

> **표** 1-1 백워드 설계 원리의 개관

1단계: 바라는 결과 확인하기

학생이 무엇을 알고, 이해하고, 할 수 있어야 하는가? 무엇이 이해할 만한 것인가? 무엇이 바라는 영속적 이해인가?(Wiggins & McTighe, 1998) 학습단원의 중심에 있는 목표는 무엇인가? 뒤따르는 설계 원리가 최종 결과를 확인하도록 도울 수 있는가?

내용 성취기준 결정하기(목표 설정하기)
- 당신이 가르치는 과정의 성취기준(지역, 주, 국가 수준)은 무엇인가?
- 학생이 무엇을 배우길 기대되는가?

주요 아이디어 혹은 영속적인 이해 결정하기
- 당신이 가르치는 교과나 주제의 중심에 있는 주요 아이디어(지속적으로 연관되는 보편적 개념)는 무엇인가?
- 다루어야 할 오해로 어떤 것이 있음직한가?

본질적인 혹은 안내 질문 결정하기
- 제한 없고 사고하게 만드는 어떤 질문이 학문적 탐구와 조사를 조성할 것인가?
- 어떤 질문이 학생에게 자신만의 경험과 내용 지식을 검토하도록 요구할 것인가?
- 어떤 질문이 시간이 지남에 따라 지식을 효과적으로 쌓도록 학생을 도울 것인가?

학생 목표 결정하기

• 관찰 가능하고 측정 가능한 어떤 결과를 평가할 것인가?

학습이 겨냥하는 지식 결정하기

• 목표에 도달하기 위해 학생이 어떤 사실, 개념, 원리를 학습할 필요가 있는가?

학습이 겨냥하는 절차 결정하기

• 학습단원의 결과로서 학생이 어떤 절차, 전략, 방법, 기능을 사용할 수 있어야 하는가?

최종적 활동 고안하기

• 학생이 진정으로 이해하고 있으며, 학습단원의 주요 아이디어를 적용할 수 있음을 어떻게 증명할 것인가? (예: 프로젝트, 발표, 수행평가, 평가, 과제)
• 어떻게 이 최종적 경험이 교실 너머에서 관련성을 가질 만큼 실제적일 수 있는가?

2단계: 수용 가능한 증거 결정하기

이 단계에서 당신은 학생이 단원의 학습 목표를 충족함을 증명하기 위해 해야 하는 것을 결정한다. 당신은 학생이 당신이 가르치고 있는 것을 단지 되풀이하는 것이 아니라 진정으로 '알아들었음(이해하였음)'을 어떻게 알 수 있을 것인가?

• 어떤 유형의 평가가 당신에게 학생이 얼마나 잘 하고 있는지에 대한 대부분의 정보를 줄 것인가?
• 어떤 유형의 평가가 학생이 자신의 지식을 전이하고 새로운 상황에 적용할 수 있는지 아닌지를 보여 줄 것인가?
• 학생이 얼마나 잘 성취하고 있는지 알아내기 위해 어떤 일화적인 증거를 사용할 것인가?
• 학생의 발전을 평가하기 위해 어떤 기준을 사용할 것인가?
• 당신은 학생에 대해 배운 것을 어떻게 사용하여 일상적인 수업에 영향을 미칠 수 있는가? 당신은 고군분투하거나 기대치를 초월하는 학생을 어떻게 도울 것인가?
• 당신은 어떻게 학생이 자신을 평가하고 자신의 학습을 반성하도록 만들 것인가?

3단계: 학습 경험과 수업 계획하기

이 단계에서 당신은 매일의 차시와 활동들에 대한 세심한 계획을 세운다. 단원은 학생이 성취하기를 원하는 영속적 이해를 조성할, 교육과정과 관련 있는 정보를 포함해야만 한다. 학생이 수업 목표에 도달할 수 있도록 도울 의미 있고 실제적인 학습 경험으로 학생을 어떻게 사로잡을지 생각하라. 다시 말해, 당신은 1단계에서 윤곽이 드러난 이해, 기능, 지식을 초래할 매일의 차시와 활동의 동기를 부여할 계획을 해야 한다.

• 어떤 개념이 가르치기에 가장 많은 시간이 드는가?
• 학생이 의미를 구성하도록 과제가 어떻게 도움을 줄 것인가?

- 어떤 기능이 직접 교수를 필요로 하는가? 어떤 기능이 학생 조사를 통해 가르쳐져야 하는가?
- 학생은 자신의 지식을 어떻게 적용할 것인가?
- 학생이 자신의 발전을 반성할 수 있는 몇몇 방법은 무엇인가?
- 어떤 자료가 필요한가?
- 수업이 어떻게 차별화될 것인가?

결 론

학생이 정보를 전문가처럼 이해하고, 인출하고, 사용하도록 가르치기 위해서는 당신이 가르치고 있는 주제에 대한 주요 아이디어를 위주로 학습을 조직화하고 구성해야 한다. 학생은 의미 있는 관련성을 구성하기 위해 충분한 깊이로 중요한 주제를 공부할 필요가 있다. 그들은 새로운 문제를 해결하고 다양한 맥락에서 새로운 기능을 실행하기 위해 학습하고 있는 것을 언제, 어디서, 어떻게 사용하는지 이해해야 한다. 교사는 핵심적인 개념들을 위주로 조직화된 매일의 차시를 매력적으로 계획해야만 한다. 교사는 영속적으로 학생의 이해를 평가하고 수업을 적절하게 초점화해야 한다. 마지막으로, 학생은 이해의 수준을 높이고 사고와 학업의 질을 개선하기 위해 진행 중이고 건설적인 피드백이 필요하다. 그들은 발전 상황에 대해 반성하고 학습에 대해 주인 의식을 가질 필요가 있다. 영속적 이해를 계획하는 데 들인 시간과 노력은 학생의 열의, 몰두, 일생 동안의 성취로 보답될 것이다.

> **탐구문제**
>
> 1. 당신이 가르치는 교과나 주제의 중심에 있는 3~4개의 '주요 아이디어'는 무엇인가? 처음에 '주요 아이디어'를 결정하는 것이 영속적 이해를 위한 수업을 계획하는 데 있어 어떤 도움을 주는가?
>
> 2. 어떻게 평가가 수업에 초점을 맞추고 그것을 더욱 효과적으로 만드는 데 도움이 되도록 사용될 수 있는가?
>
> 3. 당신은 어떻게 당신의 주제나 교과의 '주요 아이디어'가 과제를 통해 보강되도록 보장할 수 있는가?
>
> 4. 당신은 어떻게 과제를 적절하고 실제적이게 만들 것인가?

제2장

백워드 설계의 원리

  백워드 설계의 목적에 대해 생각할 때, 실제 예를 들어 생각하는 것이 도움이 될 수 있다. 다음과 같은 매우 익숙한 시나리오를 생각해 보자. 새해 전 날, 당신은 체중 감량, 잘 먹기, 건강 유지하기와 같은 매년 반복되는 계획을 세울 것이다. 당신은 더 오래 살고, 건강한 생활을 하려고 노력한다. (우리는 심지어 이것을 '영원한 원리'라고 말할 수 있다.) 1월 1일, 당신은 지역 체육관에 등록을 하고, 슈퍼마켓에서 샐러드와 비타민과 보충제를, 그리고 잘못된 스펠링으로 뒤섞여 쓰인 콩베이컨-칠면조두부 치즈버거와 같은 몇 가지 음식을 대량 구매한다. 2월 12일까지, 당신은 체육관에 가기엔 너무 바빴다. 무지방, 무설탕, 맛없는 아이스크림은 냉동실에서 당신을 비웃고 당신의 오래된 청바지도 여전히 아주 꽉 낀다. 그리고 당신은 2주 만에 비타민 복용을 잊었고 직장에선 스트레스를 받는다. 그 순간 당신이 원하는 것은 녹은 치즈가 듬뿍 올라간 피자 한 조각. 한 조각 정도는 괜찮을 거야, 그렇지? 그러곤 전화기를 든다. 자, 솔직히 이야기해 보자. 우리는 결과가 어떻게 될지 잘 알 것이다.

그렇다면 여기서 문제는 무엇인가? 로드맵 없이는, 전체 과정이 너무 어려워진다. 그리고 성취할 수 있는 목표기준 없이는, 당신은 초기 노력에 대한 보람을 느끼지 못할 것이다. 당신의 처음 목표는 막연하고, 그것을 이루기 위한 구체적인 계획은 없기 때문에 당신은 현실의 문제에 직면하는 순간, 그냥 포기한다. 아, 어쩌면 여름 수영복을 입을 때의 충격에 빠지기 전까지는 굳이 다시 생각하지 않아도 된다. 혹은 아마도 더 나은 방법이 있을지도 모른다.

이해의 본질

이제, 다시 같은 결심으로 돌아가 보되 백워드 설계를 적용해 본다. 당신은 바라는 결과가 무엇인지를 파악하는 것으로 시작한다. '오래 사는 것과 건강한 생활'(이것은 마지막 사례와 이울리는 유일한 부분이다.) 목표의 중심에 있는 몇몇 이해, 그것을 충족시키기 위해 답해야 할 본질적 질문들, 그리고 그것에 이르기 위해 알아야 할 것들과 해야 할 일들에 대한 사항들을 검토하라.

첫째, 건강한 생활이라는 아이디어 주위의 영속적 이해를 살펴보라. '주요 아이디어'는 이 장기적인 생활 목표가 생활 방식의 일시적 변화가 아닌 장기적 변화를 필요로 한다는 주장일지도 모른다. 그리고 당신이 필요로 하는 이해는 사실적인 것과 초인지적인 것 모두다. 먼저, 당신은 건강한 생활 방식의 요소를 이해할 필요가 있다. 그런 다음, 당신은 자신의 가치에 대해 생각해야 한다. 당신은 자신의 삶의 방식에서 쉽게 바꿀 수 있는 것과 바꾸기 어려운 것(하지만 여전히 관리해야 하는 것) 그리고 결코 바꿀 수 없는 것(그리고 그 이유)에 대해 이해할 필요가 있다. 그리고 나서 당신은 다음의 몇 가지 필수적인 질문을 고려해야 한다.

• 나의 목표를 달성하기 위해서 어떻게 해야 하는가?

- 나의 신장에 맞는 최적의 체중 범위에 어떻게 도달하고, 어떻게 그것을 유지해야 하는가?
- 건강한 몸매를 얻고 유지하기 위해 어떤 운동을 해야 하고, 어떻게 성취할 수 있는가?
- 어떻게 질병으로부터 자신을 보호할 수 있는가? 스트레스 방지와 정서적 행복을 위해 무엇을 할 수 있는가?

당신은 목표 달성에 필요한 구체적인 지식과 기능을 파악해야 한다. (이것들이 당신의 학습 목표다.) 당신은 당신을 위해 어떤 음식이 영양가 있는지(그리고 그것의 적절한 양)를 알아야 할 것이다. 당신은 당신의 몸 상태와 건강한 몸매를 유지하기 위해 어떤 운동이 필요한지, 그리고 어떻게 해야 하는지에 대해 알아야 할 것이다. 당신은 얼마나 많은 휴식을 해야 하고, 전염성 질병으로부터 어떻게 자신을 보호해야 하는지에 대해 알아야 할 것이다. 기능적인 측면에서는, 당신은 영양가 있는 식사를 계획하고 준비할 수 있어야 하고, 다양하고 적절한 방법으로 운동하며 질병에 대한 적절한 예방 조치를 취할 수 있어야 할 것이다.

다음으로, 어떻게 당신이 올바른 방향으로 향하고 있는지를 확인하는 방법을 알아야 한다. (이것은 당신의 평가 증거다.) 최종 목표는 멀리 있을 것이다. 당신은 진행 상황을 표시하는 구체적인 방법 또는 벤치마킹을 설정해야 한다. 아마도 당신은 매주의 체중 감량 목표, 운동 목표, 또는 활동 목표를 설정할 수 있을 것이다. 당신은 설정한 기준에 뒤떨어지는(또는 초과되는) 부분을 찾게 되면 약간 조정할 수 있다. 이것은 당신이 너무 낙담해서 포기하거나 또는 지나치게 자신감이 넘쳐서 자신이 무엇을 하고 있는지 망각하는 것을 막아 줄 수 있다.

마지막으로, 당신은 원하는 결과에 따라 식사, 운동 및 활동의 일일 일정을 계획한다. 이것은 당신의 건강과 행복에 있어서 당신이 감정적·육체적·심리적·사회적으로 건강해지기 위해 어느 부분에 시간을 배분할지에 대한 학습계획이다.

당신은 프로세스 전반에 걸쳐 깊이 생각하고 융통성이 있어야 한다. 삶은 예측할 수 없다. 그래서 당신은 당신이 어떻게 하고 있는지 인식해야 하며, 무슨 일이 발생해도 대응할 수 있어야 한다. 기억하라. 당신은 많은 시간과 노력이 드는 일을 하고 있다. 그러므로 당신이 예견할 수 없는 것들을 항상 고려할 수 있도록 지속적으로 유연한 자세를 유지해야 한다. 하지만 유연함을 유지하고 필요한 조정을 하더라도, 항상 최종 목표를 명심해야 한다.

이 방법의 장점에 대해서 생각해 보자. 당신은 목표를 가지고 그것에 도달하기 위한 실행 가능한 계획을 세운다. 진행하는 프로세스를 표시할 수 있으며, 잘 작동하거나 그렇지 않은 것을 보면 유연하게 조정할 수 있다. 필요에 따라 계획을 조정하고, 최종 목표를 향해 충실히 실행하면 결국 달성하기 위해 설정한 것을 성취할 수 있는 가장 좋은 기회를 가질 가능성이 높다. 이 방법의 가장 좋은 점은 당신에게 좋은 습관들이 생기기 때문에 오래 살 수 있고, 미래에는 '건강해지기'가 아닌 다른 수많은 새해 계획으로 스스로를 괴롭힐 수 있다는 것이다!

체중 감량 예시에 적용되는 원리는 교육에서도 동일하게 적용된다. 교육자로서, 우리는 우리의 목표에 대해 생각해야 한다. 우리는 무엇이 지속적으로 이해할 만한 것인지 확실히 결정해야 한다. 만약 우리가 학생이 어디에 이르기를 원하는지 모르는 경우, 우리는 그들이 효과적으로 목표에 도달할 수 있도록 돕는 방법을 계획할 수 없다. 우리는 수업의 결과로서 학생이 학습할 것과 할 수 있기를 원하는 것에 대해 구체적이어야 한다. 도달해야 할 벤치마크와 진행 과정을 측정하기 위한 효과적인 방법 없이는, 우리는 적절하게 목표가 겨냥된 수업을 할 수 없을 것이다. 우리가 학생의 요구와 매일매일의 활동을 염두에 두고 계획하지 않는다면, 우리는 기껏해야 뇌는 내토의 수입을 하는 결과를 얻게 될 것이다.

이해의 개념은 복잡한 것이다. 학생이 이해할 때, 그들은 두뇌 속에서 연관 관계를 맺는다. 이것은 내적으로 일어나는 현상이므로, 사후에 증거가 필요한 것이다.

지식과 이해는 모두 학습의 중심에 있지만, 그것들이 같은 것은 아니다. 영속적 이해를 가르치기 위하여, 우리는 지식과 이해를 구분해야 한다. 예컨대, 학생은 다른 역사적 사건들의 명칭과 날짜에 대한 지식을 지닐 수 있다. 또한 주요 원인과 결과를 외울 수도 있지만 그렇게 하는 것은 이러한 역사적 사건들의 중요성에 대한 의미 있는 통찰을 제공하지는 않는다. 학생은 역사적 사건이 다른 결과를 초래했다면 사람들의 생활이 어떻게 바뀌었을지에 대해 이해하지 않고 있을 수도 있다. 그들은 역사적 사건과 현재 사건 사이를 연결 짓지 않아 부정적인 미래의 결과를 방지하기 위해 현재의 행동을 변경하는 방법을 이해하지 못할 수도 있다. 우리가 역사를 통해 배우는 것은 굉장히 중요하다. 영국의 정치가이자 철학가인 Edmund Burke(1729~1797)가 현명하게 언급한 바와 같이, "역사를 모르는 사람들은 그것을 반복하게 마련이다." (하지만 사실을 아는 것도 중요하다! 나의 대학교 역사 교수님이 말씀하시곤 했듯이 "역사를 모르는 사람들은 다음 학기에도 이 수업을 반복할 것이다.")

이해는 정보의 다른 조각들 사이의 연관성을 아는 것이다. 이해는 그 사람이 자신이 알고 있는 것을 다른 상황에서 적절하게 사용할 수 있음을 의미한다.

Grant Wiggins와 Jay McTighe는 그들의 책 『설계를 통한 이해』(1998)에서 학생들이 배운 것에 대한 이해를 입증할 수 있는 여섯 가지 방법을 제시한다. 그들은 이것들을 '이해의 측면'이라고 한다. 이해의 여섯 가지 측면은 다음과 같다.

- 학생은 설명할 수 있다.
- 학생은 해석할 수 있다.
- 학생은 적용할 수 있다.
- 학생은 새로운 관점을 가진다.
- 학생은 공감할 수 있다.
- 학생은 자기지식을 가진다.

〈표 2-1〉은 이들 여섯 가지 측면의 개요를 제공한다. 여섯 가지 측면에서 학생이 이해하고 있음을 입증하기 위한 질문들과 학생이 성공적으로 대답할 수 있는 방법들을 포함하고 있다. 학생이 이해했다는 것을 보여 주기 위한 방법은 한 가지만이 아님을 기억하라. 이해는 이야기하고, 기술하고, 실험하고, 논쟁하고, 예술 작품을 만들고, 과제를 수행하는 것 등을 통해 증명될 수 있다.

표 2-1 이해의 여섯 가지 측면

이해의 측면	학생을 위한 과제나 질문
측면 1: 학생은 설명할 수 있다. 학생은 무엇이 어떻게 작용하는지, 어떤 일이 왜 일어났는지, 아이디어가 더 넓은 맥락에 어떻게 맞아 들어가는지 명확하게 말하거나 보여 준다.	• 여러분이 배운 것을 여러분이 직접 분명하고, 완전하고, 이치에 맞게 설명하라. • 여러분은 어린아이에게 이 아이디어를 어떻게 설명할 것인가? 분야의 전문가에게는? 반대의 의견을 가진 사람에게는? 관심이 없는 사람에게는? 이 개념을 아는 것에 인생이 달려 있는 사람에게는? • 여러분은 어떻게 자신의 입장을 정당화할 수 있는가? 어떤 증거가 있는가? • 숨은 의미는 무엇인가? • 여러분은 이것이 참이라는 것을 어떻게 알 수 있는가? • 이것과 여러분이 배웠던 다른 것 사이에서 어떤 연관 관계를 맺을 수 있는가?
측면 2: 학생은 해석할 수 있다. 학생은 그가 배운 것을 새롭게 조명하는 관련된 이야기를 한다.	• 개념의 의미를 명확히 하거나 확장하는 의미 있는 내러티브나 번역 또는 개인적인 경험을 제시하라. • 이것은 어떤 중요성이 있는가? • 우리 삶에서 이 개념이 중요해지는 것은 언제이며 왜 그런가? • 이 아이디어를 어떻게 확장할 수 있는가? • 아이디어가 반복되는 경우, 어떤 일이 일어나겠는가? 왜 그런가? • 어떤 역사적 이야기로 여러분의 요점을 설명할 수 있는가? • 여러분은 주장을 어떻게 옹호할 것인가? 여러분은 그 주장을 어떻게 논박할 것인가?

측면 3: 학생은 적용할 수 있다. 학생은 새로운 문제를 해결하거나 새로운 상황에 정보를 정확하게 적용한다.	• 여러분은 새로운 환경과 다양한 상황에서 배운 것을 어떻게 사용할 수 있는가? 이 지식을 유용하게 사용하는 데 일어날 수 있는 몇 가지 가능한 상황은 무엇인가? • 이 지식을 가지고 어떤 다른 유형의 문제를 해결할 수 있는가? • 이 문제가 다른 문제와 어떻게 연관되는가? 여러분은 어떻게 이 새로운 문제에 접근할 수 있는가? 여러분은 어떻게 이 문제를 해결할 것인가? 여러분은 어떻게 이 문제를 설명할 수 있는가?
측면 4: 학생은 새로운 관점을 가진다. 학생은 아이디어를 다른 시점에서 논리적으로 검토하고 비평함으로써 객관성을 보여 준다.	• 주제에 대해 다른 관점에서 설명하고 비평하라. • 의심스러운 가정을 밝히고 배운 것에 대한 결론을 끌어내라. • 여러분은 몇몇 다른 관점에 대해 어떻게 설명할 것인가? • 관점이 자료의 해석에 어떤 영향을 미치는가? • 어떤 가정이 만들어지고 있는가? • 여러분은 다른 견해에 대해 어떻게 논박할 것인가? • 절대적인 진리가 있는가? 왜 그런가 혹은 왜 그렇지 않은가? • 이 아이디어는 왜 논란을 일으키는가? • 완벽하게 정확하거나 객관적으로 보고되는 것이 있는가? 왜 그런가 혹은 왜 그렇지 않은가?
측면 5: 학생은 공감할 수 있다. 학생은 다른 사람들이 이상하다고 생각하거나, 믿기 어려워하거나, 속상해하거나, 비논리적이라고 생각할 수 있는 것을 찾고, 설명하고, 그것의 가치를 존중한다.	• 다른 사람의 관점이나 세계관을 상상해 보라. 그 사람은 어떻게 느끼겠는가? 여러분은 어떻게 그 사람의 관점을 정당화하겠는가? • 여러분이 다른 인종/민족/사회경제적 지위에 있다고 가정해 보라. 이 사안에 대해 어떻게 느끼겠는가? 왜 그런가? • 여러분에게 반대하는 어떤 반론이 사용될 수 있는가?
측면 6: 학생은 자기지식을 가진다. 학생은 개인적인 맹점을 밝히거나 이해에 영향을 미치는 불확실한 것을 설명하여 자신의 학습 방식을 반성한다.	• 메타 인지적으로 여러분 스스로의 사고를 반성하라. 무엇이 동기를 부여했는가? • 여러분의 개인적인 관점은 궁극적으로 어떻게 여러분의 이해를 형성했는가? • 여러분이 학습하는 데에 어떤 상태가 도움이 될 것인가? • 여러분은 정보를 듣는 것을 선호하는가, 아니면 읽는 것을 선호하는가?

- 여러분은 무언가에 대해 쓸 것인가, 실연해 보일 것인가, 퍼즐을 맞출 것인가, 실험을 수행할 것인가, 아니면 문제를 풀 것인가?
- 무언가를 이해하기 어려운 경우에 어떻게 자신을 도울 수 있는가?
- 여러분은 …에 대해 여러분의 학습에 영향을 준다고 생각하는가?
- …에 대한 여러분의 편견은 무엇인가? 여러분의 감정은 이해를 형성하는가?
- 여러분은 어떤 찬성과 반대 주장을 할 것인가? 왜 그런가?

이제 우리는 학생이 자신이 이해하고 있음을 입증할 수 있는 여러 가지 방법을 고려하였다. 그리고 두 가지 중요한 질문이 남아 있다. 우리는 학생이 이러한 여섯 가지 '이해의 측면'에 도달할 수 있도록 어떻게 우리의 교육을 구성할 수 있는가? 우리는 어떻게 학생들이 하는 일에서 의미를 구성하도록 도울 수 있는가? 이러한 질문을 신중하게 검토하기 위해 역사적인 관점에서 학생들의 학습 문제를 살펴보는 것이 도움이 된다.

우리는 어떻게 의미를 구성하는가: 구성주의자 또는 프로젝트 기반 학습

Jean Piaget와 같은 심리학자들과 John Dewey와 같은 교육학자들, Lev Vygotsky와 같은 교육이론가들은 100년이 넘도록 경험에 의한 학습, 실천 학습, 학생주도 학습의 이점에 대해 보고해 왔다. 이 아이디어는 이해를 얻기 위해 학생이 수동적으로 앉아서 다른 이들로부터 정보를 받기보다는 자신의 활동으로부터 의미를 구성해야 한다는 것이다. 단순히 정보를 앵무새처럼 따라 하는 것은 깊은 이해를 형성할 수 없다.

학생이 문제해결책을 탐색하고, 협의하고, 해석하고, 그것에 대한 아이디어를 창안하고, 조사하는 과정에서 아는 것을 능동적으로 사용할 때 이해는 증가한다. 진정한 학습은 학습자가 문제를 풀고 해결책을 구성할 때 발생한다. 교사가 학생의 이해를 향상시키기 위해서는 학생들이 답을 암기하도록 하는 것이 아니라 학생이 문제에 대한 사고에 참여하여 스스로 아이디어와 해결책을 떠올리도록 하는 것에 역점을 두어야 한다. 교사는 학생이 생각하고 탐색하는 데 필요한 시간과 자원을 제공해야 한다. 예컨대, 학생은 질문에 대한 알려진 답을 단지 외우기보다, 무거운 물체가 가벼운 물체보다 빨리 떨어지는지에 대한 실험을 설계 및 수행하고, 어떤 조건에서 물체의 무게에 따라 떨어지는 속도가 달라지는지 판단하고, 왜 그런지 알아낼 수 있다.

프로젝트 기반 학습(project-based learing: PBL)의 뿌리는 이 구성주의적 전통에 있다(Harris & Katz, 2000). **프로젝트**라는 용어는 반드시 학생들이 물리적 구조를 만드는 것을 의미하지는 않는다. 그것은 학생이 자신의 마음에 의미를 구성하기 위해서, 실제 질문과 문제를 해결하려고 노력하는 것을 의미한다. 비록 Piaget, Dewey, Vygotsky의 이론에 뿌리를 두고 있다고 하지만, 구성주의 학습의 진짜 출현은 지난 30년 동안 실시된 직장 준비에 관한 연구의 성과다.

1970년대와 1980년대에 비교적 실무에 준비가 되어 있지 않은 채로 현장에 들어간 학생은 점점 커지는 우려의 대상이었다. 전통적으로, 학생이 학교에서 배운 것과 성인이 성공적으로 근로에 참여하는 데 필요한 것에는 엄청난 단절이 있었다. 1990년, Elizabeth Dole(당시 미국 노동부 장관)은 SCANS(Secretary's Commission on Achieving Necessary Skills, 필수 기능 성취에 관한 장관 위원회)를 구성했다.

이 위원회의 목적은 현장의 요구를 검토하고, 젊은 사람들이 이러한 요구 사항을 충족할 준비가 될 수 있도록 학습을 구조화하는 방법을 결정하는 것이었다. 위원회는 여러 가지 일을 요청받았다. 그들은 취업에 필요한 기술과 마음의 습성(또는 개인의 자질)을 정의해야 했다. 이것은 학생이 직장을 준비하기 위해 갖춰야 할 것, 필요한 지식과 기술, 그리고 다른 사람과 효과적으로 작업하는 데 필요한 특성을 포함했다. 위원회는 또한 숙달의 허용 수준을 제안하고, 교사가 이것을 평가할 수 있는 효과적인 방법을 제안하고, 이러한 숙달을 학교에서 가르치기 위한 전략을 개발하도록 요청받았다.

SCANS 연구원은 고용주 및 근로자들과 긴 인터뷰를 실시했다. 그들은 광범위한 공공 및 민간 고용주, 노조 지도자, 자영업, 감독자뿐만 아니라, 문학, 수학, 사고 능력에 탄탄한 기초가 필요한 노동자들로부터 받은 정보를 분석했다. 노동자에게는 헌신, 진심, 협력, 책임, 대응성, 유연성 및 신뢰성과 같은 특정 개인 자질이 요구되었다. 그들은 자원을 잘 다룰 수 있어야 하며, 다른 사람들과 함께 생산적으로 일을 하고, 정보를 수집·활용하고, 복잡한 시스템을 터득하고, 새로운 기술을 활용해 일을 할 수 있어야 했다.

직무 준비 능력에 대한 이 보고서는 모든 단계의 교육 집단을 위한 청사진이 되었다. 어떤 국가가 글로벌 경제 부분에서 성공을 하려면, 학생은 직장에서의 성공을 위해 필요한 기능과 역량을 익힐 필요가 있었다. 신경과학 및 심리학의 세계적 연구는 이러한 연구 결과의 중요성을 지지했다. 이 연구는 학습자가 새로운 개념을 이해하기 위해 의미를 구성하는 것이 필요하다는 것과 그러한 학습이 부분적으로나마 문화, 공동체, 경험의 맥락에서 이루어지는 사회 활동이라는 것을 보여 주었다.

이 연구원들은 직장의 요구 사항을 충족하는 데 필요한 기능을 배우는 한 가지 방법은 학생이 그룹 프로젝트를 함께 수행하도록 하는 것이라고 충고하였다. 그러나 그들은 모든 프로젝트가 동일하지는 않다는 것을 깨달았다. 단순히 무엇을 만드는 것으로는 충분하지 않았다. 그들은 단절된 작업을 완료하는 것, 구체적인 지시에 따라 결과물을 내는 것, 또는 미리 정해진 문제를 해결하는 것이 꼭 학생이 배우는 것에 대해 더 많이 이해하도록 돕거나 새로운 상황에 적용하는 능력을 부여하지는 않았다고 밝혔다. 학생은 그들이 수행하는 작업의 의미를 적극적으로 찾아낼 수 있는 프로젝트를 수행해야만 했다.

진정한 구성주의 학습은 문제 중심적이고 교육과정의 중심부에 있는 프로젝트를 통해 발생한다. 학생은 자신의 연구를 기반으로 결론에 도달한다. 구성주의 프로젝트가 무엇인지 이해하기 위해서는 그것이 무엇이 아닌지 알아보는 것이 유용하다. 구성주의 프로젝트는 미리 결정된 결과를 내지 않는다. 실제 프로젝트 기반 학습(PBL)에서, 프로젝트는 대본이 있거나 가공되어 있지 않다. 따라서 학생이 스크립트 단계별 절차를 따르는 실험을 PBL의 예로 분류하진 않는다. 프로젝트는 진정으로 도전적이어야 한다. "중심 활동들이 어렵지 않음을 표방하고 이미 알려진 정보와 기능들로 수행될 수 있다면, 이 프로젝트는 PBL이 아니다." (Thomas, 2000)

학생은 오직 그들 스스로 하는 활동을 통해서 의미를 만들 수 있다. 성인은 너무 자주 아이들을 위해 일을 대신 해 준다. 단지 부모나 교사가 할 수 있는 프로젝트는 PBL이라 할 수 없다. 나는 몇 년 전 아주 우수한 프로젝트를 제출한 학생을 기억한다. 내가 칭찬했을 때, 그 학생은 "감사합니다. 저희 어머니께서 저는 손도 못 대게 하셨어요."라고 말했다. Harry Wong(1998, 2001)이 유명한 말을 했듯 일을 하는 사람이 바로 배우는 사람이지만, 하루의 마지막에 학교에서 몹시 지쳐서 나오는 이를 생각해 보라. 이는 대부분 학생이 아닌 교사다.

프로젝트 기반 학습은 프로젝트에 대해 생각하는 새로운 방법이다. 전통적으로, 교사는 항상 교육과정을 확대하거나 강화하려고 학생에게 프로젝트를 배정했다. 교사는 그림, 예시, 추가 연습, 실용적인 응용 프로그램을 제공하거나 배운 것을 보충하라는 과제를 부여받았다. 예컨대, 2학년 학생은 공룡에 대한 책을 읽고, 신발장에 플라스틱 공룡을 붙이고 녹색과 갈색 종이를 잘라 나무와 잔디를 붙인 다음 그것을 프로젝트라고 불렀을지도 모른다.

그러나 이는 깊은 이해를 향상시키는 프로젝트의 유형이 아니다. 학생은 전통적인 프로젝트를 통해 의미 있는 아이디어를 탐구하지 못했다. 이들 프로젝트는 그다지 실제적이거나 교육과정에서 중심적인 것이 아니었다. 인간의 두뇌는 능동적인 학습 참여를 필요로 한다. 학생은 그냥 수동적으로 앉아서 그들을 복잡한 아이디어의 영속적인 이해로 마법처럼 이끌어 줄 정보를 전달받을 수는 없다. 학생은 능동적으로 학습 과정에 참여해야 한다. 학생은 실제 사안과 문제를 탐구해야 한다.

진정한 프로젝트 기반 학습은 패러다임의 변화를 요구한다. 교사의 주요 역할은 학생에게 정보를 전달하는 역할에서 학생 중심의 학습을 촉진하는 역할로 변화되었다. 학생은 개방적이고, 본질적(혹은 유도적)인 질문을 조사하여 의미를 만든다. 이것은 직접교수를 배제해야 한다는 것이 아니다. 때때로, 직접교육은 학생에게 새 아이디어를 조사하는 데 필요한 정보와 기능을 정확하고 효과적으로 제공하는 가장 효율적인 방법이다. Jamie McKenzie(1998)에 따르면,* "좋은 선생님은 '강단 무대 위의 현인' 역할을 해야 할 때와 '객석의 한쪽에 선 안내자' 역할을 해야 할 때를 알고 있다." 학생 중심의 학습이 시간이 많이 걸리고 골치 아플 수 있기 때문에, 효율성은 때때로 현인의 편을 들 것이다. 학생이 자신 스스로 생각을 정하느라 분주할 때 교사의 역할은 바뀐다. 탐구, 문제해결 그리고 조사가 교실 활동의 우선순위가 될 때, 교사는 '객석의 한쪽에 선 안내자'가 되는 것이다.

---

* J. Wesley Baker는 2000년에 teaching & learning 협회가 주관한 국제 컨퍼런스 발표에서 "flipped learning(거꾸로 수업 혹은 역진행 수업): 웹 기반 강좌 관리도구를 보조수단으로 사용하기" 논문을 통해 역진행 수업을 이야기했다. 그 이후, 이 논문은 '강단 위의 현인(賢人)'(sage on the stage) 대신 '객석의 안내자'(guide on the side)라는 기발한 문구와 함께 매우 많이 인용되었는데 이 말은 교실에서 역진행 수업을 적용하려는 이들의 표어가 되었다.

학생 중심의 프로젝트 기반 학습 과정의 대부분에서 교사는 주로 촉진자 역할을 한다. 그들은 학생의 탐구를 위한 체계를 제공한다. 학생은 전통적인 수업이나 전통적인 프로젝트에서 보다 더 많은 선택권, 자율성 그리고 책임을 가진다. 교사는 반드시 명확한 기대치를 설정해야 하며, 학습이 조직적이고 생산적인지 확인해야 한다. McKenzie(1998)는 안내자로서 행동하는 교사의 역할에 대해 설명한다. 교사는 순시하고, 방향을 고쳐 주고, 단련시키고, 질문하고, 평가하고, 안내하고, 지휘하고, 학생을 사로잡고, 인정하고, 편의를 제공하고, 옮겨 다니고, 모니터링하고, 도전시키고, 동기를 부여하고, 주시하고, 중재하고, 진단하고, 곤란함을 해결해 주고, 관찰하고, 격려하고, 제안하고, 모델이 되고, 명확하게 해 준다. 그래서 교사는 계속해서 움직이게 된다. 교사는 학생의 이해를 영속적으로 평가하여 맞춤형 개별 지원, 피드백, 코칭을 지속적으로 제공해야 한다. 교사는 지속적으로 어깨너머로 학생을 점검하고, 확인 질문을 하고, 특정 기능을 필요로 하는 개인 및 그룹을 가르쳐야 한다. 교사는 학생이 공부하고 있는 주제의 주요 아이디어에 관한 문제를 해결하려고 노력하도록 해 주는 명확한 지침과 벤치마크를 설정해야 한다.

교사가 이 체계를 어떻게 설정하느냐가 다른 무엇보다 가장 중요하다. 학생 조사는 반드시 의미 있고 동기를 부여하며 실행 가능해야 한다. Donna Walker Tileston의 『학습, 기억, 뇌에 대해 모든 교사가 알아야 하는 것(*What Every Teacher Should Know About Learning, Memory, and the Brain*』(2003)에 따르면, 모든 학습은 그녀가 '뇌의 자기체계' 또는 '학습에의 참여 여부를 결정하는 시스템'이라 부르는 것으로부터 시작한다. 이것은 들어오는 정보에 대한 몇 가지 결정을 할 수 있는 두뇌를 필요로 한다. 또한 Marzano, Pickering과 Pollock(2001)은 "과제가 중요하다고 판단하는 경우(개인적인 필요 또는 목표의 충족)와 성공 확률이 높은 경우(학생은 과거의 경험이 자신이 성공할 수 있을 것으로 느끼게 해주는 경우)에 학생 개개인은 새 과제에 참여하도록 동기부여될 것이다."라고 덧붙였다.

결 론

진정한 구성주의 학습 경험의 집대성은 다양한 형태를 취할 수 있지만, 중요한 요점은 그것이 실제적이고 학생이 학습하고 있는 과목이나 주제의 중심 개념을 정말로 완전히 익혔음을 증명한다는 것이다. 학생이 능동적 탐구를 통해 중심 개념에 대한 깊은 이해를 할 수 있도록 수업은 반드시 공들여 준비되어야 함을 기억하라. 최고 중의 최고 프로젝트는 교실 밖에서 진가를 발휘하는 것이다. 궁극적으로, 학생은 다른 사람, 특히 지역사회에 긍정적인 영향을 주는 방식으로 배운 것을 적용할 수 있을 때 가장 큰 동기부여가 된다.

탐구문제

1. 백워드 설계 모델은 학생이 바라는 목표를 달성할 수 있도록 학습 계획을 세우는 데 어떤 도움을 줄 수 있는가?

2. Jamie McKenzie(1998)에 따르면, "좋은 선생님은 '강단 무대 위의 현인' 역할을 해야 할 때와 '객석의 한쪽에 선 안내자' 역할을 해야 할 때를 알고 있다." 당신이 문제기반 학습(또는 구성주의)의 가르침을 알려 줄 수 있는 주제들은 무엇인가? 어떻게 하면 학생이 자신이 하는 것으로부터 의미를 구축할 수 있도록 교육을 구성할 수 있는가?

3. 학생에게 의미 있는 질문을 하기 위해 이해의 여섯 가지 측면을 어떻게 사용할 수 있는가? 어떻게 학생을 장려할 수 있는가? 학생이 자신의 응답의 질을 깊게 하기 위해 어떻게 격려할 수 있는가?

제3장

학습단원을 계획하기 전에
고려해야 할 것

우리는 읽은 것은 10%만을,
들은 것은 20%만을,
본 것은 30%만을,
보고 들은 것은 50%만을,
토론한 것은 70%만을,
경험한 것은 80%를,
다른 사람에게 가르친 것은 무려 95%를 배운다.

– William Glasser

어느 학습단원이 심층적인 이해를 발달시키는지 판단하는 데 있어 명심해야 할 것은 그 외 이론적인 것들과 다르게 그 고려사항들은 순전히 실용적인 것이다. 다음을 자문해 보라.

- 당신이 가르치는 것 중 어느 주제에 대해 학생이 깊이 있는 탐구를 할 만한가?
- 어떤 제재가 직접교수를 통해 더 효과적으로 교수될 수 있는가?
- 어떤 교과가 교육과정에서 무난하게 제외될 수 있는가?

깊이 있는 교수를 할 만한 사안과 주제가 무엇인지 결정하는 데 도움이 될 요소를 검토하기 전에 지식의 폭 대 깊이에 대한 아이디어를 살펴보자.

폭 대 깊이

지식의 깊이보다 굉장히 폭넓은 자료를 강조하는 교육과정은 사실상 학생이 깊은 이해를 얻는 것을 멈추게 할지도 모른다. '폭은 1마일이나 되고 깊이는 1인치 밖에 되지 않는' 교육과정이 제시된다면 학생에게 어떤 일이 일어날까? 그 모든 것을 알기 위한 시간은 충분하지 않으며, 너무 많은 것을 다루려는 것은 해로울 수 있다. 다양한 산업 국가는 지식의 폭 대 깊이에 대해 서로 다른 철학을 지니고 있다. 미국과 같은 일부 국가는 광범위한 일반교양 교육을 장려하는 반면, 대부분의 유럽 및 아시아 국가는 학생을 어린 나이에 전문화한다. 학교가 모든 과목에서 더 많은 정보를 포함해야 한다고 생각하거나 학생에게 매년 가까이 과목을 공부하도록 요구하여 너무 많은 자료를 다루게 한다면, 단지 수박 겉핥기가 되어 위험하다. 자료에 대해 깊이 생각하고, 그것을 깊이 탐구하고, 깊이 이해할 시간이 없다면 엄정성과 이해는 희생될 것이다.

임시변통의 실패

　그것에 대한 우리의 반작용으로 인해 지식의 깊이보다 폭을 강조하는 문제가 더욱 악화될 수도 있다. 우리가 너무 많은 것을 너무 빨리 다루려고 해서 학생이 너무 적게 이해했기 때문에 고부담 성적 평가를 잘 치르지 못하면, 특정 시험 준비 기능에 집중함으로써 문제를 해결하려는 경향이 있다. 이렇게 반응할 때, 학생은 우리가 그들을 위해 준비하고 있는 특정 평가를 다소 더 잘 수행하는 법을 배울 수 있을지도 모르지만, 이는 그들의 수행 개선에는 진정한 가치가 거의 없다. 그것은 분명히 그들이 이해의 깊이를 증가시켰음을 의미하지 않는다. 우리는 이러한 임시변통이 학생에게 기저 원리와 기능을 가르칠 귀중한 시간을 빼앗기 때문에 문제를 단지 악화시킨다는 것을 알아야 한다. 이것은 의사에게 가기 전에 검진에 최적화된 몸을 준비함으로써 그가 가지고 있을지도 모르는 건강 문제를 치료받기보다 감추는 것만큼 터무니없는 것이다.

　앞에서 말했듯이 우리가 달성해야 할 다양한 목표를 위해 학교의 하루 일과 중에 이용할 수 있는 시간은 제한되어 있다. 교육자로서 우리는 우선순위를 정하고 무엇을 가르칠지, 각 주제에 얼마나 많은 시간을 할애할지, 각 주제에 쓸 만한 수업 기술이 무엇인지 결정할 필요가 있다.

폭넓게 가르칠 토픽과 교과내용

　학생이 배우는 모든 것에 깊이 있는 교수가 요구되지는 않으며, 깊이 있게 가르칠 토픽이나 주제가 무엇인지 결정할 때 고려해야 할 것들이 많다. 실제적인 고려 사항은 특정 국가나 지역이나 학교의 기대 효과부터 그해에 당신이 특정 토픽이나 주제를 가르칠 시기까지의 모든 것을 포함할 수 있다. 그것의 범위는 자료,

기법, 이용 가능한 자원에서부터 특별한 학교 행사와 학교생활의 고질적인 부분인 활동 중단이나 훼방에까지 이른다. 고려 사항은 이런 유형의 교수나 특정 문제 및 주제에 대한 당신의 편의 수준과 경험을 포함할 수도 있고, 혹은 당신의 학교 일정상 제약을 포함할 수도 있다.

당신은 첫 번째로 교육과정의 다양한 측면을 가르치는 목적을 분명하게 결정해야 한다. 그런 다음 관련된 다양한 주제의 종류, 복잡성 및 중요성에 대해서 생각한다. 당신은 학생이 적절한 연결 관계를 짓는 것을 도울 수 있는 방법으로 가르치는 개념을 구조화해야 한다. 예컨대, 다양한 성분의 특성에 근거한 화학적 반응을 가르칠 때 당신은 학생이 유사한 성질을(그로 인해 유사한 반응을) 가진 성분을 함께 공부하도록 이 활동을 체계화해야 한다. 당신이 가르치는 모든 주제가 깊은 이해에 중점을 둬야 하는 것은 아니다. 많은 본질적 기능이 간단한 설명과 연습을 통해서 더 효율적으로 교수된다. 어느 기능과 능력이 자동화를 요하는지, 학생이 지식을 습득하기 위해 어떻게 하는지 아는 데 있어 기초적이거나 필수적인 것이 무엇인지, 학생이 이해하기를 원하는 토픽의 핵심이 무엇인지에 대해 생각해 보는 것이 도움이 될 수 있다.

자동화를 요하는 기능

학생이 어떻게 신속하고 자동으로 하는지 배워야만 하는 것들이 있는데, 이들 개념, 아이디어, 정보의 일부는 근본적으로 틀에 박힌 것이다. 예컨대, 모든 학생은 알파벳, 소리-글자의 대응, 구구단 같은 기초적인 것을 배울 필요가 있다. 이런 것들을 신속하고 쉽고 정확하게 회상할 수 있다는 것은 다른 것들에 대해 주의를 기울여야 하는 그들의 정신을 자유롭게 해 준다. 예컨대, 쓰인 텍스트를 자동으로 해독할 수 있다면, 학생은 소리 내어 말하는 에너지를 낭비할 필요 없이 텍스트의 의미를 파악할 수 있다.

그러나 우리가 학생에게 암기하라고 하는 모든 것이 그들에게 도움이 되는 것은 아니다. 학생이 반복해서 사용하지 않을 것들을 암기하도록 하는 것은 유용하지 못하다. 예컨대, 모든 다른 지역, 주, 국가의 수도나 특정한 국가의 지도자 이름을 학습하는 것은 귀중한 시간을 낭비하는 것이다. 학생은 이러한 사실들을 자주 필요로 하지 않고, 쉽게 검색할 수 있으며, 그것들을 빨리 잊어버릴 가능성이 크다. 학생들이 기계로 쉽게 행해질 수 있는 장황한 절차를 수행하도록 하는 것 또한 유용하지 못하다. (아들이 4학년 때 나는 매일 밤마다 끝없는 숫자가 이어지는 이러한 문제를 내지 않도록 담임선생님을 설득했고, 그는 굉장히 행복해했다.) 그러나 학생이 특정 기술을 자주 사용해야 한다면 자동화되는 것이 매우 중요하다.

암기와 자동성을 필요로 하는 과제는 교사의 설명, 예시, 토론, 분석 및 학생의 많은 연습을 통해 효과적으로 다루어질 수 있다. 글자 쓰기나 키보드 입력 등의 일부 기계적인 기능에는 오직 시범과 연습이 요구된다. 그런 구두점, 철자, 문법 등의 기능을 가르치는 가장 좋은 방법은 학생이 현실 세계에서 이런 기능이 사용되는 것을 모사하는 방식으로 이들을 연습하도록 하는 것이다. 예컨대, 학습지에 철자, 어휘, 문법을 채우도록 해서 기능을 맥락과 단절시키는 것보다는 학생이 읽고 쓴 것을 검토하고 분석함으로써 철자를 바로잡고, 어휘를 늘리고, 문법적으로 쓰도록 가르치는 것이 훨씬 효과적이다. 단절된 방식으로 기능을 배운 학생이 자신의 지식을 다른 맥락으로 거의 전이하지 못한다는 것은 놀라운 이야기가 아닐 것이다.

기초적 기능

기초적 기능은 학생이 더 많은 정보를 얻고, 문제를 해결하고, 그들이 알고 있는 것을 의사소통하기 위해 지녀야 할 기능이다. 예컨대, 학생은 어떻게 깊이 이해하면서 읽는지 배울 필요가 있다. 그들은 아이디어를 글로 분명하게 표현하는 법, 문제를 해결하기 위해 계산하는 법, 아이디어를 발표하는 법을 알아야 한다.

기초적 기능에는 전략적 교수와 학생의 연습이 많이 요구된다.

깊이 있게 가르칠 토픽과 교과내용

깊이 있는 학습을 할 만한 토픽들은 가르치고 있는 교과목을 이해하는 데 중요한 것이고, 그러므로 철저한 탐구를 할 가치가 있다. 이 주제들은 꼭 파악하기 쉬운 것만은 아니지만, 현실 세계와 관련되어 있다. 이 토픽들은 교과에 기본이 되는 주요 아이디어를 포함한다. 따라서 우리가 그것들을 중심으로 학습단원을 계획하는 경우, 학생은 이러한 아이디어를 중심으로 새로운 정보를 조직할 수 있을 것이다. 학생이 도출한 연관성은 세계가 어떻게 돌아가는지에 대해 그들이 더 잘 이해할 수 있게 하고 실제 문제를 해결하는 데 도움이 될 것이다.

Wiggins와 McTighe(1998)는 교사가 광범위한 목표와 수업의 주요 아이디어를 결정하는 데 도움이 되는 일련의 질문을 제시한다.

다음 세 가지 질문은 특히 중요하다.
- 이 정보는 얼마나 중요한가?
- 어떻게 하면 공부하고 있는 학문을 가장 잘 활용할 수 있는가?
- 이 학습이 교실 너머에서 얼마나 큰 가치를 지니는가?

가장 좋은 본질적 질문은 정말로 대답할 필요가 있는 것들이다.
- 한 사람이 의미 있는 변화를 야기할 수 있는가?
- 음악이 어떻게 감정을 이끌어 내는가?
- 도덕적 부패가 어떻게 정부의 비용을 증가시키는가?
- 한 사람의 관점이 그가 변화나 갈등을 다루는 방법에 어떻게 영향을 미치는가?

• 어떻게 과학적 이론이 실험 증거에 의해 사실로 드러나는가?
• 수 관계에 대해 내가 아는 것을 문제를 푸는 효율적인 전략을 개발하는 데에 어떻게 활용할 수 있는가?

이러한 질문들은 학생을 능동적이고 비판적인 탐구로 끌어들이고, 그들이 공부하고 있는 주제의 중요성을 알 수 있게 도울 것이다.

모든 단계에서: 지식의 전이를 위해 가르치기

학생은 어른처럼 자신이 하고 있는 것의 요점을 알아야 한다. 학생은 배우고 있는 것을 교실 밖에서 어떻게 사용할 수 있는지 알아야 한다. 이를 위한 가장 좋은 방법은 언제, 어디서, 어떻게 그리고 왜 그들이 배우는 것을 사용할지에 대한 시범을 보이고 난 다음 그들의 지식을 실세계 문제에 적용할 기회를 제공하는 것이다. 당신이 전이하거나 다른 조건에서 사용할 수 있는 지식은 조건화된 지식이라 불린다. 불행히도 이것은 자연적으로 생기지 않는다. 학생은 종종 학교에서 하는 수학 계산과 그들이 매일 생활 속에서 마주하는 실제 수학 사이에서 단절을 느낀다. 학생은 정답을 내기 위해 계산기를 사용할 수도 있지만, 새로운 문제에 직면했을 때 특정 알고리즘을 사용하는 근본적인 이유를 이해할 필요가 있다.

학생이 현실 세계의 문제를 해결하거나 실제적인 정답을 산출하도록 하는 것은 단순히 계산 문제집을 푸는 것보다 더 강력한 영향력을 가질 것이다. 학생이 학교 운동장 놀이터를 설계하도록 요청받았다고 가정해 보자. 그는 야드(yard)를 측정하는 것부터 시작할 수 있다. 학생들에게 야외 휴식시간 동안 무엇을 하기를 원하는지에 대한 설문조사를 실시하고, 그래프로 결과를 나타낼 수도 있다. 그리고 시설 설치비를 계산하고, 어떤 지역에 대한 축적 지도를 고안하고, 전학생이 장비를 사기 위한 돈을 모금할 방법을 알아내고, 자신의 활동 결과를 교장과 학교

위원회에 제출할 수도 있을 것이다. 이것은 굉장히 동기를 유발할 것이고, 수학적 사고와 계산 기능을 모두 필요로 할 것이다.

영속적 이해를 위한 계획, 적게 가르칠수록 심층적 학습은 가능해진다: Less is More

어떤 주제(들)를 개발할지 결정할 때, 학습 면에서 상황은 대개 적게 가르칠수록 심층적 학습은 가능해진다는 점을 기억하라(특히 그것을 보다 깊이 다루려는 경우). 당신은 우선순위를 정해야 할 필요가 있을 테지만, 당신이 가르칠 필요가 있는 정보의 범위 중 일부에 대해서는 선택권이 없을 수도 있다. Allan Collins(1996)는 이러한 딜레마에 대한 효과적인 해결책을 제시했다. "폭과 깊이 사이에서 가능한 절충은 널리 다양한 주제를 광범위하게 다루면서도 몇몇 주제에 있어 심오함을 추구하는 것이다." 그러나 피상적 학습(covering)은 단순히 단절된 사실들을 듣고 암기하는 것을 의미하지 않는다. 사고와 문제해결은 중요한 개념을 중심으로 구성되어 있는 깊이 있고 연관된 일련의 사실적 지식에 달려 있다.

당신은 교육과정을 설계한다

당신은 중요한 결정을 할 수 있는 전문가다. 당신은 가르칠 교육과정을 설계한다. 무엇을 가르치고, 어떻게 가르치고, 왜 그렇게 가르치는지에 대해 중요한 결정을 해야 할 것이다. 당신이 몇몇 중요한 주제에 대해 심오함을 추구하고 명확한 목적을 기진 학습단원을 신중하게 계획한다면, 학생은 자신이 생가을 조지할 시간을 두고 그 주제들을 진정으로 이해하는 데 필요한 연관 관계를 맺을 것이다. 영속적인 이해를 위한 교수의 핵심은 학생이 일상적인 활동에서 반드시 의미를 구성하고 주요 아이디어를 얻을 수 있도록 분명히 하는 것임을 명심하라.

생각해 보기

학교에서 배우고 있는 것들의 대부분은 무기력한 지식으로 이어진다. 학생은 학교에서 주어진 특정 문제를 해결하기 위해 배운 것을 사용할 수 있지만, 새로운 상황에 지식을 적용할 수 없다. 배운 것을 저절로 적용하는 학생의 능력은 많은 교사에 의해 과대평가된다. 우리가 가르친 것을 학생이 저절로 정확하게 사용할 수 있게 되기를 바라는 것이 우리의 희망이다. 그러나 그렇지 않음을 증명해 온 대단히 흥미로운 연구가 있다.

Perfetto, Bransford와 Franks는 1983년에 특별하고 재미있는 연구를 실시했다. 그들은 대학생들에게 얼마간의 '통찰력' 문제(또는 수수께끼)를 풀도록 했다. 조사 대상은 세 그룹으로 나뉘었다. 한 그룹은 단서가 없는 문제(수수께끼)를 받았다. 다른 두 그룹은 문제를 풀기 전에 몇 분간 단서를 제공하였다. 단서를 제공한 두 그룹 중 한 그룹에게는 명시적으로 그것들을 사용하라고 했다. 다른 그룹에게는 이러한 지시를 주지 않았다. 문제(수수께끼)의 2문항은 다음과 같다.

• 이스라엘의 유명한 최고의 심령술사 Uriah Fuller는 당신에게 어떤 야구 경기라도 게임이 시작되기 전 점수를 알려 줄 수 있습니다. 그 비밀은 무엇입니까?
• 미국에 살고 있는 한 남자는 같은 마을에서 20명의 다른 여자와 결혼했습니다. 모두가 아직 살아 있고, 그중 누구와도 이혼한 적이 없습니다. 또한 그는 법률을 위반하지 않았습니다. 당신은 이것에 대해 설명할 수 있습니까?

다음은 위의 수수께끼에 적용된 단서다. (보다시피 이 단서는 수수께끼와 바로 직접적으로 연관되어 있을 뿐만아니라 실제 답이다.)

• 그것이 시작하기 전에 모든 게임의 점수는 0 대 0입니다.
• 목사는 매주 몇몇 사람을 주례합니다. (marry라는 단어가 '결혼하다' 는 뜻 외에 '주례하다' 는 뜻이 있음-역자 주)

이 연구는 놀라운 결과를 보였다. 단서를 주고 그것을 활용하도록 지시받은 집단만이 수수께끼를 잘 풀 수 있었다. 단서가 주어졌지만 이를 사용하도록 지시되지 않은 집단은 단서를 전혀 받지 않은 그룹만큼 형편없는 결과를 보였다. 이와 같은 실험이 여러 번 반복되었고, 공통된 연구 결과는 과목이 언제, 어디서, 어떻게, 어떤 상황 아래에서 그렇게 하는지에 대한 구체적 지도 없이는 전형적으로 관련된 정보를 새로운 문제에 전이하지 않는다는 것이다.

이것은 효과적으로 학생의 지식 전이를 돕기 위한 중요한 함의를 지니고 있다. 조건화된 지식은 자연스러운 것이지만 꽤나 먼 길을 갈 때까지 일어나지 않을 수도 있다. 그러므로 학생이 정보를 빠르고 쉽게 새로운 맥락에 전이하기를 원한다면 우리는 그들에게 이 새로운 지식을 어디서, 언제, 어떻게 사용할 수 있는지 직접적으로 보여 주고 설명하며, 그들에게 배운 것을 적용할 많은 연습 기회를 주고, 그들이 지은 연결 관계에 대해 반성할 기회를 제공해야 한다.

여러 가지 실행 계획의 배열

영속적 이해를 위해 어떤 주제를 결정할 때 가장 중요한 결정은 스스로를 아는 것과 자신이 편안하게 달성할 수 있는 것이 무엇인지 아는 것으로부터 나온다. 무엇이 당신의 가장 좋은 첫걸음인가? 만약 당신이 영속적 이해를 위한 학습단원을 설계하는 것이 처음이라면, 작은 것부터 시작해야 한다.

가능하다면 관심 있어 하는 동료와 함께 작업하는 것도 유용하다. 혼자 작업할 수도 있지만, 다른 교사들과 함께 작업하여 계획과 실행 단계 모두에서 서로 아이디어에 대한 반응을 살필 수 있도록 하는 것이 훨씬 좋다. 교사들이 협력하여 일하고 있는 전문적 학습 공동체를 창안함으로써 학교를 개선하는 아이디어에 대해 집필된 것이 많다. Richard DuFour(2004)에 따르면, 효과적인 전문적 학습 공동체 기저의 주요 아이디어는 모든 학생이 배울 수 있고 그래야 한다는 믿음이다. 교사들이 학교의 핵심적 임무가 학생의 학습을 보장하는 것이라고 약속할 때 심오한 변화가 일어날 수 있다.

전문적 학습 공동체를 만들려면, 교사가 무엇을 전달하고 있는지에 대한 검토에서 학생이 실제로 무엇을 학습하고 있는지에 대한 검토로 초점이 바뀌어야 한다. 학생이 적극적으로 참여하는가? 그들은 적절한 질문을 하고 있는가? 그들은 혼동되는 부분을 정확히 찾아낼 수 있는가? 그들은 도움을 요청하는 방법을 아는가? 그들은 새로운 지식을 적절하게 사용할 수 있는가? 즉, 전문적 학습 공동체는 수업의 결과를 조사해야 한다. 수업 실행을 개선하기 위해 교사가 체계적으로 학생이 배우고 있는 것에 대해 반성하고, 논의하고, 분석하는 협력의 문화를 가지고 있을 때, 긍정적인 변화가 가능하다.

Patrick Baccellieri의 책 『전문적 학습 공동체: 학습을 개선하기 위한 의사결정에서의 자료 사용(*Professional Learning Communities: Using Data in Decision Making to Improve Student Learning*)』(2010)은 요구 수준은 높지만 수행은 저조한 시카고에 있는 한 초등학교의 탈바꿈을 대략적으로 보여 준다. 이 학교의 경험은 다른 학교에서 효과적인 전문적 학습 공동체를 만들기 위한 본보기로 사용할 수 있다. Baccellieri가 5년간 교장을 맡았던 사우스 루프(South Loop) 학교에서는 결과 중심의 전문적 협력으로부터 교사의 배움이 생겨났다. 교사는 학생 자료를 조사하였고, 그들의 수업을 향상시키기 위해 이 자료를 사용했다. 사우스 루프에서의 협력은 무엇이 가장 중요했는지(수업 결과로서 학생의 학습)에 초점을 두었기 때문에 매우 효과적이었고, 학생들의 학력이 증가했다.

당신이 한 명 이상의 동료와 함께 깊이 있는 학습단원을 계획하고 있다면, 함께 작업하고, 아이디어를 브레인스토밍하고, 자원과 재료를 검토하고, 피드백을 주고받을 시간을 확보해야 할 것이다. 그러나 협력하는 데 드는 추가의 시간도 그만한 가치가 있다. 두 명 이상의 교사들이 아이디어를 공유하고 이견을 계속 논의하여 결론을 보려는 소지가 있을 때 그들은 각각 더 효과적인 실행을 이루도록 서로를 도울 수 있다.

당신이 가르치고 있는 단원의 성공과 도전 과제에 대해 동료와 대화하는 것은 유용하다. 당신은 학생 작품을 함께 검토하고 교실에서 일어나고 있는 일에 대해 반성하고 각각의 노력을 지지할 수 있다. 당신이 동료로부터 피드백을 구하고 그것을 자신의 교수를 수정하는 데 사용할 때 당신은 실행을 보다 효과적으로 만들 수 있을 것이며, 학생에게 큰 영향을 미칠 수 있을 것이다. 하지만 당신이 혼자 작업하는 경우에도 진행 중 조력을 얻을 수 있는 방법들이 있다는 것을 알아차리는 것이 중요하다. 당신의 아이디어를 정립하는 데 도움을 줄 수 있는 많은 책과 자료(이것과 같은)가 있고, 지지하기 위해 참여할 수 있는 온라인 그룹이 있다.

당신이 다른 학년 수준과 작업하는 경우, 수평적 그리고 수직적 교육과정 정렬이 필요함을 기억하라. 수평적 정렬은 특정 학년 수준 교과 영역의 내용 성취기준을 충족시키는 것의 일관성을 말한다. 그리하여 3학년의 성취기준 중 하나가 절차적 글쓰기를 학습하는 것이라면 3학년의 모든 반에서 학생이 자신만의 '~하는 법' 책을 재미있게 고안하는 단원을 만들 것이다.

> 당신이 영속적 이해를 위한 학습단원을 설계하기 위해 동료와 함께 작업하든 혼자 작업하든, 대답해야만 하는 몇 가지 질문들이 있다.
> - 당신의 교수 목표는 무엇인가? 당신은 각 학생이 무엇을 배우기를 원하는가?
> - 당신은 각 학생이 수업 목표를 성취했다는 것을 어떻게 알 것인가?
> - 학생이 학습에서 곤란을 겪을 때 당신은 무엇을 할 것인가?

수직적 정렬은 한 학년에서 다음 학년으로 넘어가는 교과 영역에서 내용을 가르치기 위한 논리적이고 일관된 질서를 가지는 것을 말한다. 이것은 학생이 더 복잡한 내용을 탐구하기 전에 그들이 필요로 하는 기초적인 기능을 습득할 수 있게 한다. 그래서 만약 학교가 다양한 학년 수준의 수학 올림피아드를 고안하여 학생들이 수학 기능을 연마하는 것을 돕기로 했다면, 퍼즐이 그 기능과 모든 학생이 포함되는 학년 수준 성취기준의 기초가 될 것이다.

당신은 또한 하나 이상의 주제를 포함하는 단원을 동료와 함께 설계할 수도 있다. 그럴 때에는 모든 주제의 목표들을 고려해야 한다. 예컨대, 두 명의 중학교 교사가 공동 사회과와 영어과의 공동 프로젝트를 설계한다면 그들이 고안한 단원이 두 과목 모두의 성취기준을 반드시 다루도록 확실히 해야 할 것이다.

다음의 표는 다른 학년 수준에서 단원 백워드 설계 1단계를 생성하는 교실의 아이디어를 보여 준다. (188쪽의 부록 C에서 제공된 모든 3단계를 포함하는 당신만의 단원을 고안하기 위한 템플릿.)

표 3-1 1단계: 하나의 교과목; 하나의 학습단원; 한 학급에서 실시

주제: _____놀이_____　　　　학년: _____유치원_____

단원 학습기간: _____3주_____

내용(성취)기준:
학습, 유전, 신체 발달 간의 상호작용이 인간 행동에 영향을 미친다는 것을 이해한다.

주요 아이디어 혹은 영속적인 이해:	본질적 혹은 안내 질문:
• 놀이는 아동기의 일이다.	• 놀이는 시간이 흐름에 따라 어떻게 변해 왔는가? 무엇이 같게 유지되어 왔고 왜 그런가?
구체적 이해:	가능한 오해:
• 놀이가 무엇인가? • 인간은 놀이하는 유일한 동물이다. • 놀이는 우리가 기능들을 익히고 연습하도록 한다.	• 놀이에는 특정한 장비(도구)가 필요하다. • 아동은 놀이를 통해서만 배울 수 있다.

학습 목표:
• 아동은 다른 장난감과 게임을 사용해 배운 것이 무엇인지 정확하게 파악한다.
• 아동은 부모님과 조부모님이 어렸을 때 가지고 놀았던 장난감과 게임에 대해 인터뷰하고 그 놀이로부터 이들 어른이 배운 기능이 무엇인지 알아낸다.
• 아동은 놀이의 가치에 대해 의견을 결정한다.

최종적 활동:
'장난감과 게임 명예의 전당'을 창작한다. 학생들은 언제나 가치 있을 것(혹은 세월이 흘러도 건재할 것)이라고 생각하는 장난감과 게임을 선택한다.

출처: Genesee Community Charter School Curriculum, http://www.gccschool.org/about

표 3-2 1단계 : 하나의 교과목; 하나의 학습단원; 한 학년에 걸쳐 실시

| 주제: | 동화 | 학년: | 2학년 |

단원 학습기간: _____ 3주 _____

내용(성취)기준:
동화의 중심 아이디어와 기본적 문학 요소를 이해한다.

주요 아이디어 혹은 영속적인 이해:	본질적 혹은 안내 질문:
• 자신만의 독창적인 이야기를 쓸 수 있도록 작가가 이야기를 구성하는 방식을 이해한다.	• 무엇이 이야기를 동화로 만드는가?
구체적 이해: 동화의 이야기 요소 • 등장인물 • 배경 • 핵심 줄거리 • 교훈 혹은 가르침	가능한 오해: • 동화는 항상 해피엔딩으로 끝난다.

학습 목표:
• 아동은 다른 유형의 이야기들을 듣거나 읽고, 일반적인 이야기 요소와 특히 다른 것과 구별되는 동화의 등장인물을 밝힌다.
• 아동은 자신만의 동화를 쓰고 자세히 보여 준다.

최종적 활동:
학생은 그들의 이야기를 다른 사람과 나눌 수 있는 '동화 숲'에 참여한다. 넓은 장소를 그들의 동화 배경에 나오는 고유한 그림으로 꾸민다. 각 학생은 자신의 이야기에 나오는 등장인물처럼 차려입고 '동화 나무'에 서서 방문자에게 동화를 크게 읽어 준다. 이러한 행사의 정점에서 학생들은 동화의 요소를 설명하고 그들의 이야기가 어떻게 구성되었는지 설명한다.

표 3-3 1단계 : 하나의 교과목; 하나의 학습단원; 여러 학년에 걸쳐 실시

주제: _____발명_____   학년: _____중학교_____

단원 학습기간: _____1개월_____

내용(성취)기준:
혁신은 기존 시스템이나 대상을 개선하기 위해 그것을 수정하는 과정인 반면, 발명은 어떤 아이디어로 새로운 시스템이나 대상을 창조하는 과정임을 안다.

주요 아이디어 혹은 영속적인 이해:	본질적 혹은 안내 질문:
• 필요는 발명의 어머니다.	• 단순한 발명이나 혁신이 우리 삶의 방식을 어떻게 바꿀 수 있는가?
구체적 이해: • 혁신이나 발명의 주요 원인은 무엇인가? • 발명이 역사를 통해 사람들의 삶의 질을 변화시킨 방식에는 어떤 것들이 있는가?	**가능한 오해:** • 기술은 모든 것을 향상시킨다.

학습 목표:
- 모든 학생은 아직 해결책이 없는 일반적인 문제를 찾기 위해 개별적으로 또는 그룹으로 활동한다.
- 학생은 문제를 해결하기 위해서 단순한 발명이나 혁신을 설계하고 만든다.
- 학생은 간단한 발명품(종이 클립 또는 붙이는 메모지와 같은)과 혁신(구멍난 스푼, 스쿱, 국자와 같은)을 조사하고 이들 장치가 특정한 문제를 어떻게 해결했는지 살펴본다.
- 학생은 브레인스토밍을 통해 먹을 수 있는 접시나 앞뒤로 모가 달린 칫솔 같은 새로운 아이디어를 낸다.

최종적 활동:
학생이 간단한 발명이나 혁신을 통해 해결할 수 있는 문제를 찾기 위해 연구하는 발명대회를 개최한다. 그들은 가지고 있는 문제에 대해 다른 이들을 인터뷰할 수 있고 뜻밖에 마주치거나 들었거나 어디서 읽은 문제에 대해 기록을 계속 해 나갈 수도 있다. 이 발명대회에서 학생은 지역의 과학자와 기업 지도자들에게 자신의 발명이나 혁신을 발표한다. 그들은 간단한 혁신과 발명이 그들의 삶을 어떻게 바꿀 수 있는지에 대해 토론한다.

표 3-4 1단계: 다학문; 학교 전체 단원 혹은 내용 영역 전반에 걸친 각 학생, 모든 교사
들을 위한 학습단원

주제: _____사회와 문화_____   학년: _____고등학교_____

단원 학습기간: _____1학기_____

내용(성취)기준:
집단과 문화적 영향이 인간 발달, 정체성과 행동에 기여한다는 것을 이해한다.

주요 아이디어 혹은 영속적인 이해:	본질적 혹은 안내 질문:
• 사회의 건강은 그에 속한 사람들의 장기적인 요구를 충족시키는 것에 달렸다.	• 무엇이 사회를 생존하고 번영하게 하는가? • 그 사회를 몰락으로 이끌지도 모르는 어떤 문제가 제기될 수 있는가? • 사회는 미래의 건강한 문화를 촉진하기 위해 무엇을 해야 하는가?
구체적 이해:	가능한 오해:
• 인류 정체성에 기여하는 문화 요소들은 무엇인가? • 문화적 정체성에 기여하는 외부 요인은 무엇인가?	• 부유하고 기술적으로 더 진보될수록 사회는 생존을 위한 최고의 기회를 가진다.

학습 목표:
• 학생은 본질적 혹은 유도 질문의 렌즈를 통해 한때 번성했지만 결국 붕괴했던 문화를 공부한다. 학생은 자신이 선택한 문화의 역사와 정부, 농업, 천연 자원의 사용 및 오용, 문화적 가치, 과학적 진보, 인간 잠재력의 사용 등에 대해 공부한다.
• 학생은 본질적 질문에 답하는 기저 원리를 찾기 위해 먼저 그 문화의 성공을 이끌어 내고 그런 뒤 그것의 궁극적 실패를 이끌어 낸 요인을 밝힌다.

최종적 활동:
문화 박람회를 고안한다. 학생 집단은 지방 정부 공무원에게 자신의 분석내용을 발표하고 건강한 문화를 촉진하는 데 드는 것에 대한 일반적인 원리를 설명한다.

당신의 학습단원 설계하기

다음 몇 장을 통해, 우리는 백워드 설계 원리를 사용하여 의미 있는 학습단원을 어떻게 만들어 내는지를 자세히 들여다본다. 초점은 계획 과정을 가능한 한 쉽고 효율적으로 만드는 구체적 예시와 전략을 덧붙여 각 설계 단계에 대한 자세한 설명을 제공하는 데 있다.

주의: 과정은 순환한다

백워드 설계의 다른 단계들이 이 책의 다른 장에서 전적으로 다루어졌지만, 계획 단계는 항상 선형적으로 진행되지는 않는다. 당신이 실제로 계획을 하고 있을 때, 하나의 단계에서 하는 작업이 종종 다른 단계에 대한 아이디어를 유발한다. 집수리에서 그런 것처럼 한 가지를 변경하거나 고치는 것으로 인해 항상 무언가 다른 것을 변경하거나 수정하고 싶어진다.

생각이 뒤죽박죽일 수 있지만, 걱정하지 말라

여기 그것이 어떻게 작용하는지에 대한 예시가 있다. 당신이 어떤 책은 고전으로, 나머지는 단순히 유행을 따르는 책으로 구분하는 특성들을 기반으로 하여 학습단원을 설계하고 있다고 하자. 첫째로, 당신이 어떻게 단원을 설계할지에 대한 생각이 완전히 명료하지 않다. 당신은 학생들이 그들이 생각하는 책을 고전으로 만드는 요소를 밝힐 수 있기를(그리고 옹호할 수 있길) 바란다는 것을 알아차린다. 이들은 당신이 생각하는 책을 고전으로 만드는 자질을 포함할 수도 있다. 당신은 고전이 사람의 경험을 다루거나, 보편적 등장인물을 포함하거나, 독자들의 눈앞에서 아이디어가 춤을 추도록 하는 말로 쓰이거나, 최초의 것이거나, 그들의 시대에 영향력을 가지거나, 인간의 영혼에 건네는 메시지를 포함한다고 생각한다. 하지만 당신은 또한 학생들이 그들 스스로의 정의를 내리기를 원한다.

당신은 교실에서 독자 커뮤니티를 만들고 싶어 한다. 당신은 학생들이 몇 가지 같은 고전을 읽고 공통적 경험을 언급할 수 있길 바라지만, 또한 학생들이 고전의 특정 자질을 알아내기 위해 다른 사람들이 고른 책과 이들 책을 비교하고, 대조할 수 있기를 원한다. 처음에 당신은 학생들이 대답하길 원하는 본질적 질문에 대해 생각하면서 왔다 갔다 하는데, 이 질문들은 학생들이 읽기를 당신이 원하는 공통 도서 몇 권을 당신이 생각하게 만든다. 그런 뒤 당신은 그들이 쓰기를 원하는 글의 종류와 그들의 주장을 입증할 수 있을 증거의 유형에 대해 생각하기 시작한다. 그것은 학생들이 알고 할 수 있는 것을 당신이 어떻게 가장 잘 평가할 수 있는지에 대해 당신이 생각하도록 만든다. 이런 방식으로 당신은 자연스럽게 계획하고 있을 때 설계 요소 사이를 왔다 갔다 한다.

자신에 대해 인내심을 가지라

효과적으로 가르치기 위하여 당신은 장기적인 목표를 항상 확고하게 염두에 두고 있어야 한다. 당신의 학생들이 어떻게 목표를 최고로 달성할 수 있는지를 중심으로 학습단원을 구성해야 한다. 당신의 아이디어를 명확하게 하도록 당신의 계획을 여러 번 검토해야 한다. 그러나 최고의 계획을 가지고 있다 해도 당신은 가르치는 데 있어서 유연함을 보여야 할 필요가 있다. 당신은 대상 학생의 진척 상황을 평가하고 반응에 따라 매일매일 수업의 계획을 지속적으로 변경하는 것을 예상해야 한다. 최종 설계가 일관되고 논리적이도록 학습단원에 대해 계속 반성하는 것이 중요하다. 마지막으로, 학생이 당신이 가르치고 있는 주제나 문제의 주요 아이디어에 대한 깊은 이해를 얻을 수 있도록 단원의 모든 요소가 정렬되어야 한다. 백워드 설계를 사용한 학습단원을 처음 설계할 때 완벽한 계획을 기대하는 것은 비현실적이다. 그것은 복잡하지만 그럴 만한 가치가 있는 노력이라는 것을 기억하라.

결 론

백워드 설계는 시간과 노력을 들일 만한 가치가 있다. 긴 안목으로 보면 당신의 작업은 보상받을 것이다. 당신의 분명한 목적이 있는 가르침은 학생을 영속적인 이해로 이끌 것이므로, 그들의 삶에서 차이를 만들 것이다. 당신이 하는 일은 양질의 것이다. William Glasser(1992)는 그의 글「질, 신뢰, 그리고 교육의 재정의(Quality, Trust, and Redefining Education)」에서 질을 다음과 같이 정의한다.

"질은 정확히 정의하기 어렵다. 그것은 거의 항상 서로 돌보는 것을 포함하고, 항상 유용하며, 언제나 누군가의 몫을 열심히 해내는 것을 포함하며, 우리가 제공자일 때나 수혜자일 때나 항상 기분 좋게 여겨진다. 그것은 기분을 굉장히 좋게하기 때문에 나는 우리 모두가 우리에게 양질인 것에 대한 명확한 아이디어를 염두에 두어야 한다고 생각한다."

우리는 모두 학생을 돕기 위해 교수에 임했다. 우리가 영속적인 이해를 위해 교수를 구조화하여 학생이 자신의 삶에서 우리가 가르친 것을 사용할 수 있게 된다면 우리의 교수는 정말 양질을 띠고 가치를 지속할 것이다. 그것은 Tom Peters(1994)가 '타협하지 않는 우수함'이라고 일컬은 것의 영역으로 들어가게 될 것이다.

탐구문제

1. 사실이나 기능을 가르치는 것과 영속적인 이해를 가르치는 것은 어떻게 다른가? 전통적 평가에 덧붙여 학생이 당신이 가르친 과목 혹은 주제에 대한 진정한 이해를 증명할 수 있는 몇 가지 방법은 무엇인가?

2. 당신의 교수 방식에 대해 생각해 보라. 교수의 어떤 부분에서 당신은 이미 구성주의 원리를 실행하고 있는가? 당신이 가르친 다른 주제들 중 학생 중심의 깊이 있는 교수라고 할 만한 것은 무엇인가?

3. 교사의 가장 큰 자원은 동료들이다. 당신과 동료들이 속한 학교에서 전문가 협력 문화를 창조하기 위해 무엇을 할 수 있는가?

4. 당신은 자신의 교수가 지속적인 가치를 가지도록 보장하기 위해 무엇을 할 수 있는가?

제4장

최종 목표를 염두에 두고 학습단원 계획하기

    교사는 계속해서 과거분사와 몇 개의 수식어를 설명하고 있지만 제이슨은 몇 개의 단어만 알아들을 뿐 전혀 집중하지 못하고 있다. 학교는 마치 초점을 잃은 것처럼 보인다. 제이슨은 그의 부모님이 만약 그가 중퇴한다고 하면 화를 내시리라는 것을 알고 있지만, 학교에 계속해서 다닌다는 것의 좋은 점은 무엇인가? 만약 그가 중퇴한다면 적어도 돈을 벌 수 있을 뿐만 아니라 원하는 물건을 살 수도 있다. 제이슨은 어떻게 하면 학교에서 그냥 시간을 때우며 보낼 수 있을지에 대해서만 생각한다. 만약 문제를 일으키지 않는다면 어떠한 사건에 휘말려 교사에게 혼나지는 않을 것이다. 기한이 지난 제이슨의 과제는 쌓여 있고 그는 심지어 스스로 그 과제들을 볼 여력도 없다. 교실에서 일어나는 그 어떤 것도 실제 삶 또는 그가 관심을 가지는 것과 관련 있어 보이지 않는다. 모든 것이 지루하고, 바보같고, 의미가 없다. 제이슨은 그의 16번째 생일이 될 때끼지 남은 날짜를 세기 시작한다.

학교와 교육자의 임무는 표면적인 내용 이상을 가르치는 것이다. 서로 연관되어 있지 않은 활동들로 하루 일과를 채우거나, 특정한 평가에 통과할 수 있도록 시험 준비 기능을 훈련하는 데 수없이 많은 시간을 보내는 것 이상의 역할을 해야 한다. 그리고 분명 단순히 학생이 학교에 잘 다니도록 만드는 것이 교육자의 목표가 되어서는 안 된다. 학교의 임무는 학교 너머의 세계를 위해 학생을 준비시키는 것이다. 학생은 배운다는 것이 평생 동안의 과정이라는 것을 반드시 이해해야 하고, 어떻게 배우는지를 알게 되는 것이 교육의 가장 중요한 결과라는 것을 이해해야 한다.

바라는 결과를 확인하라

교사는 학생이 지식을 습득하고, 아이디어를 탐색하고, 의미를 구성하며, 자신의 사고 과정과 발전에 대해 반성하도록 도와야 한다. 학생은 학교에서 배운 것을 지금이든 먼 훗날이든 실세계 문제를 해결하는 데 사용할 수 있어야 한다. 학생이 이렇게 하도록 돕기 위해 수업 단원의 설계는 결과로부터 도출되어야만 한다.

따라서 백워드 설계의 첫 번째 단계는 학습단원의 바라는 결과(혹은 목표)를 확인하는 것이다. 이것은 학생이 자신이 배우고 있는 것으로부터 습득하기를 바라는 영속적 이해, 지식, 기능이 정확히 무엇인지에 대해 당신이 생각해야 할 전체적 단계다. 이 장에서 우리는 학습단원의 목표를 설정하는 방법을 살펴볼 것이다.

간단해야 한다

바라는 결과를 결정할 때는 가능한 한 단순하고 간단명료한 것이 가장 좋다. 당신이 다룰 시간이 있을 수도 있고 없을 수도 있는 관련성이 모호한 목표, 이해, 질문, 학습 목표의 긴 목록을 포함하는 것은 도움이 되지 않는다. 결국 따지고 보면, 당신은 단지 학생이 깊게 탐구하기를 원하는 주요 아이디어와 본질적 질문만을 포함하기를 원한다. 그리고 낙담하지 말라. 당신이 처음 시작에서 이 방식으로 계획하는 데 들 시간 이외의 시간은 당신의 교수를 보다 강력하게 만들 것이다. 또한 그날그날의 계획이 분명한 목적으로부터 만들어질 것이므로 장기적으로 봤을 때는 시간도 절약해 줄 것이다.

설계 도구

당신이 바라는 결과 단계를 계획하는 것을 돕기 위해 Wiggins와 McTighe는 그들의 책에서 사고를 안내하는 '설계 도구'를 제공하고 있다. 우리는 이들 목표 설정 설계 도구를 각각 개별적으로 살펴볼 것이다. 이러한 설계 도구 중 몇 개는 Wiggins와 McTighe가 제시한 것과 다르게 제시될 수도 있다. 그러나 설계의 기본적인 단계는 같다. 각각의 단계는 다음 몇 장에서 깊이 있게 검토될 것이다. 당신이 실제로 계획할 때는 여러 단계를 자연스럽게 왔다 갔다 할 것이다. 그리고 당신은 주어진 단계에서 모든 설계 도구를 반드시 사용해야 한다고 압박받을 필요도 없다. 그냥 당신의 요구에 맞는 것을 사용하면 된다. 가장 중요한 것은 계획에서 당신이 추구하고 있는 최종 결과를 언제나 명확하게 염두에 두고, 학습단원의 모든 부분이 일직선으로 정렬될 수 있게 하는 것이다.

당신이 강력한 목표를 만드는 데 사용하고자 할 만한 약자는 SMART다. SMART란 구체적이고(Specific), 측정 가능하고(Measurable), 달성할 수 있고(Attainable), 현실적이며(Realistic), 시간을 고려하는(Time-bound) 목표를 의미한

표 4-1 SMART 목표

Specific(구체적인)

일반적인 목표보다 구체적인 목표가 학습하기에 더 쉽기 때문에 목표는 반드시 명쾌하고 알아보기 쉽게 제시되어야 한다. 이렇게 하기 위해서 당신은 학생이 성취하기를 원하는 것이 무엇인가, 그리고 왜 그것을 성취해야만 하는가를 결정할 필요가 있다. 구체적인 목표의 구체적인 근거 또는 목적은 무엇인가? 학생이 그 목표에 도달함으로써 얻게 되는 장점은 무엇인가? 특정한 목표를 가르칠 때 직면할 수 있는 요구와 제약에 대해서 생각할 필요가 있다. 그리고 목표에 도달하는 데 필요한 시간적 틀에 대해서도 생각해야 한다.

Measurable(측정 가능한)

당신은 학생이 목표를 충족시켰다는 것을 증명할 만한 단서를 결정해야만 한다. 숙고할 만한 몇 개의 질문들이 있다. 장기적인 성공을 결정하는 데 사용될 만한 기준은 무엇인가? 학생이 학습 과정에서 발전했는지를 어떻게 측정할 것인가? 어떻게 학생이 경험하는 문제를 정확히 찾아내어 해결하도록 도와줄 것인가?

Attainable(달성할 수 있는)

목표를 달성한다는 것은 성공을 정의하게 될 것이다. 당신은 학생이 목표에 도달하는 것을 어떻게 도울지 생각해야 한다. 학생이 목표에 도달하기 위해 필요한 기능, 능력, 이해, 태도는 무엇인가? 이러한 숙고는 학생이 성공할 수 있도록 단계를 계획하는 데 도움을 줄 것이다. 목표를 이루려고 노력하거나 계획한 목표 이상의 것을 학습하려고 하는 학생을 도와주는 데 사용되는 전략은 무엇인가를 고려해야 한다.

Realistic(현실적인)

목표는 상당한 발전을 나타낼 수 있어야 하는 동시에 실제적이고 달성할 수 있어야만 한다. 흥미롭게도 아주 이상적인 목표는 일상적인 목표보다 가끔 달성하기 쉬울 때가 있다. 왜냐하면 아주 높은 목표는 종종 본질적으로 더 동기를 부여하기 때문이다. 그러나 당신은 학생이 이미 가지고 있는 배경지식과 기능, 결손되어 있는 부분, 학습한 뒤에 알아야 할 필요가 있는 것들을 분명하게 이해해야만 한다. 이상적인 목표는 반드시 구체적이고 상세히 기술되어야만 한다. 학생은 동기를 유지하기 위해서 학습의 과정에서 성취감을 느껴야만 한다.

Time-bound(시간을 고려하는)

목표에 분명한 우선순위를 두고, 그것을 가장 중요한 작업으로 설정하기 위해서는 특정한 기간 속에 기반을 두어야 한다. 그 학습단원을 위해 얼마나 많은 시간을 사용할 수 있는가? 학생이 수업 목표에 도달하는 데 걸리는 시간은 어느 정도인가?

다. 뉴질랜드의 박사과정 학생 William Levack은 2007~2008년에 SMART 목표의 기원을 조사했고, 누가 이 개념을 만들어 냈는지에 대한 논란이 있었다는 것을 발견했다. 심지어 각각의 약자가 의미하는 바가 다르기까지 했다. 그러나 이 약자는 경영학부터 물리치료학까지의 다양한 분야에서 목표를 설정하는 것의 주춧돌이 되었다. 또한 교육학에도 큰 영향을 준다. 학생이 배우고 있는 것으로 인해 무엇을 알고 무엇을 할 수 있기를 바라는지 고려하도록 하라. 일단 당신이 이것을 사용한다면 최종 목표를 염두에 두고 계획할 수 있다. 〈표 4-1〉은 SMART가 교육에 적용될 때 각각이 개별적으로 어떤 특성이 있는지 검토한다.

고부담 평가와 성취기준에 대한 몇 마디

학교 교육에서 성공은 세간의 가장 큰 관심사인 시험을 통해 측정되고, 얼마나 학생이 이 시험에서 높은 성취를 하였는가에 따라 판단된다. 이러한 방식은 단지 시험을 성공적으로 치르는 방법에만 치중하여 교수할 위험성이 매우 높다. 심지어 이러한 시험은 학생이 매년 반복되는 엄격한 성취기준을 만족시키려고 노력하는 것에만 치중할 가능성이 높다. 한 가지는 확실하다. 학생은 교육의 범위가 단일하고, 구체적이며, 종종 반복되는 시험에 가장 많이 등장할 만한 것들로 축소될 때 실패할 수밖에 없다.

그러나 성취기준이 중요하다는 것은 의심의 여지가 없다. 성취기준은 학생이 적시적소에 배워야만 하는 지식과 기능을 정의한다. 만약 분명하고 명확한 성취기준이 없다면, 학생이 알아야만 하고 할 수 있어야 하는 것을 결정지을 수 없으며(U. S. Department of Education 2001-2009), 교수의 질이나 효과성을 측정할 합리적인 방법이 없을 것이다.

따라서 교수학습을 설계할 때, 해당되는 과목이나 주제의 국가 혹은 주의 성취기준을 반드시 고려해야만 한다. 또한 지역 교육청 혹은 학교의 내용 성취기준 역시 고려해야만 한다. 진술된 목적, 목표, 학습 결과물을 생각하라. 그리고 나서 이 성취기준에 효과적인 교수를 설계할 수 있을 것인가를 결정하라. 이것은 시험 준비를 위한 것이 아니다. 이것은 학생이 명확하게 정의되고 적합한 목표에 도전할 수 있도록 확신시켜 주는 것이다.

생태학 단원의 예시

　계획 과정을 분명히 하기 위해 우리는 구성주의적이고 학생 중심적인 학습단원을 어떻게 개발하는지 시범을 보일 것이다. 이 백워드 설계 형식을 적용하여 쓰인 중학교 단원은 생태학을 넘는 근본적 원리에 대한 영속적 이해로 학생들을 이끌도록 설계되었다. 단원 각각의 요소는 독립적이고 세부적으로 설명되어 있고 각각은 그것을 개발하는 데 사용된 특정한 설계 도구 산하에서 설명된다. 이 아이디어는 어떻게 각각의 요소가 조합되는지 알 수 있게 해 주어 스스로의 학습을 설계할 때 하나의 예시로 사용할 수 있다. 또한 과정을 명확하게 설명하기 위해 다른 학년과 다른 학습 분야에서 나온 예시도 살펴볼 것이다.

　이 생태학 단원의 성취기준은 Mid-continent Research for Education and Learning(McREL)에 제시되어 있는 것이다. McREL은 비영리 기구로 여러 가지 가운데서도 교과 단체와 다양한 주로부터 수합한 성취기준의 적요를 목록화한다. McREL과 연계된 두 가지 과학 단체는 미국과학진흥협회(American Association for the Advancement of Science)와 전미과학교사협회(National Science Teachers Association)다. 다음의 McREL 성취기준은 우리가 개발하려고 하는 생태학 단원과 관련되어 있다.

생태학 단원의 예시

내용 성취기준
- 지구 표면 생태계의 특징을 이해한다.
- 에너지의 근원과 속성을 이해한다.
- 인간의 활동이 물리적 환경을 어떻게 변화시키는지 이해한다.

이 학습단원으로 인해 학생이 습득하기를 원하는 영속적 이해는 무엇인가? 학생이 이 과목의 중심부에 있는 어떤 유도 원리를 이해하기 원하는가? 우리는 학생이 어떤 깊은 연관 관계를 짓고 사용할 수 있기를 원하는가? 이 단원이 학생에게 어떤 영속적 영향력을 미치기를 원하는가?

학생이 학습하기를 원하는 영속적 이해를 결정하기 위해, 당신이 가르치고 있는 것의 중심부에 있는 강력한 '주요 아이디어'에 대해 생각해 보라. Grant Wiggins의 e-저널 '주요 아이디어(http://www.authenticeducation.org/ae_bigideas/index.lasso)'에 따르면, '주요 아이디어'란 학생들이 과목을 이해하는 데 도움을 주는 개념, 이론, 원리, 주제 등을 의미한다. Wiggins는 정치학에서 주요 아이디어가 되는 것으로 '돈을 좇음', 문학에서 주요 아이디어가 되는 것으로 '아메리칸 드림'을 예로 든다.

비록 주요 아이디어가 의도적으로 일반화로 표현되었지만, Wiggins는 그것들이 '변화' 혹은 '우주 공간'과 같이 단지 내용의 방대한 양을 언급하는 모호한 진술에 그치지 않도록 주의를 준다. 주요 아이디어를 "학생이 배우고 있는 정보를 이해하도록 도울 조직화 전략 혹은 원리"로 생각하는 것이 더욱 유용하다(Wiggins, 연도 미상). 학습단원의 중심 혹은 핵심이 되는 주요 아이디어나 유도 원리에 대해 먼저 생각하고, 그러고 나서 학생이 이들 주요 아이디어를 위주로 습득하기를 원하는 구체적 이해에 대해 생각하라. 학생은 이들 일반적 원리를 틀로 사용할 것이며, 이를 위주로 사실적 정보를 검토하고 개념적 이해를 구축한다.

생태학 단원의 예시

주요 아이디어 혹은 영속적 이해
모든 사람은 삶을 유지할 수 있도록 지구를 깨끗하고 안전하게 지켜야 할 책임이 있다.

구체적인 이해

모든 생명체는 음식과 에너지를 필요로 한다.

- 맑은 공기, 깨끗한 물, 오염되지 않은 토양과 같은 특정한 천연자원은 지구가 생명을 지탱하는 음식과 에너지를 생산하는 데 필수적이다.
- 지구상에 존재하는 동식물은 서로 영향을 주고받는다.
- 개인의 이익만 생각하는 행동은 결국에는 공동의 제한된 자원을 파괴할 수도 있으며 심지어 장기적으로 봤을 때 모든 사람의 이익에 해를 가할 수 있다. 그러나 개인 또는 집단은 모든 사람이 필요로 하는 공동의 자원을 공유하고 보호하는 데 필요한 규칙을 만들고 따르도록 할 수 있다(Hardin, 1968).
- 사람들의 현재 습관은 지구의 일부 천연자원을 파괴하고 있다.
- 사람들은 더 이상 지구의 천연자원을 위태롭게 만들지 않도록 그들의 삶의 방식을 바꿀 필요가 있다.

가능한 오해

Bransford, Brown과 Cocking(1999)에 따르면, 학생이 갖고 있는 오개념은 이해에 방해가 되는 것이다. 그들은 "학생은 세상이 어떻게 움직이는지에 대한 선개념을 가지고 수업에 참여한다. 만약 그들의 처음 이해가 들어맞지 않으면 그들은 새로운 개념과 교수되는 정보를 완전히 이해하는 데 실패하거나, 시험을 위해 그것들을 학습하되 교실 밖에서는 그들의 선개념으로 되돌아갈 수도 있다."라고 말한다. 다시 말해, 만약 새로운 학습이 학생의 선개념과 충돌을 일으킨다면 그들은 수용적인 마음으로 그 주제를 학습하지 못할지도 모른다.

학생이 주제의 핵심적인 이해에 도달하도록 돕기 위해서는 있음직한 오해를 어떻게 하면 피할 수 있을 것인가를 생각해야 한다. 다음의 두 가지 질문을 고려해 볼 수 있다.

- 이 과목에 대해 학생이 이미 가지고 있을지도 모르는 오개념은 무엇인가?
- 당신이 가르칠 때 불쑥 발생할 가능성이 높은 오해는 무엇인가?

학생이 원래 가지고 있을지도 모르는 오개념이 무엇인지 알아내기 위해 가르치기 전에 학생이 과목에 대해 생각하는 것을 적거나 토의하게 하라. 이러한 방식으로 사전에 형성된 학생들의 잘못된 개념, 편견, 오보, 혼란을 모두 표시해 둘 수 있다. 당신이 학생의 선개념에 대해 많이 알수록 수업에서 그것들을 더 잘 해결할 수 있을 것이다. 이것은 당신의 교수를 구조화하도록 해서 학생이 자유롭게 새로운 정보를 탐색할 수 있도록 해 줄 것이다. 이 주제를 가르칠 때 어떤 오해가 갑자기 발생할 수 있을지 생각해 볼 때, Bransford, Brown과 Cocking이 '교수학적 내용 지식(pedagogial content knowledge)'이라고 일컬은 것을 사용해야 할 것이다. 비록 발생할 수 있는 모든 어려움을 예측하지 못할지라도, 가장 있음직한 잠재적 문제들에 대해 생각하는 것은 더욱 강력한 학습단원을 구성하는 데 도움이 될 것이다. 만약 학생들이 놓치고 있을지도 모르는 배경지식을 밝혀낸다면 당신은 잠재적인 문제를 미연에 방지하도록 교수를 구조화할 수 있을 것이다.

생태학 단원의 예시

가능한 오해
- 일부 학생은 자연보호 활동이 인류 발달에 저해가 될 것이라고 생각할 수 있으며, 이 아이디어는 그들이 이 단원을 열린 마음으로 공부할 수 없게 한다. 따라서 이 단원을 가르치는 동안 당신은 인류 발달을 지속시키면서도 인간이 천연자원을 보호하는 사용 가능하고 친환경적인 에너지 형태를 어떻게 사용할 수 있는지 다룰 수 있다.
- 일부 학생은 다루어질 생태학적 문제를 이해하기 위한 물리학과 지구과학

분야의 배경지식이 충분하지 않을 수도 있다. 일부 학생은 재생 불능 에너지의 사용이 삶을 유지하는 데 요구되는 요소에 어떤 영향을 주는지에 대해 모를 수도 있다. 따라서 이 단원을 가르치는 동안 당신은 그러한 배경지식에 특수화된 수업을 할 필요가 있다.

다음 표에는 다른 교과 영역의 학습단원을 개발하는 데 쓰일 수 있는 영속적 이해, 구체적 이해, 가능한 오해의 몇 가지 예시가 제시되어 있다. 첫째 열의 주요 아이디어가 어떻게 학생이 탐구하기 위한 조직화 원리로서 활용될 수 있는지 생각하라.

각 과목에서의 주요 아이디어 혹은 영속적 이해의 예시

주요 아이디어 혹은 영속적 이해	구체적인 이해	가능한 오해
문학		
훌륭한 작가가 이야기의 의미를 말해 주는 일은 드물다.	• 독자는 훌륭한 이야기에서 그 의미를 추론해야 한다. • 작가의 의도는 다양한 독자에 의해 다르게 해석될 수 있다.	• 훌륭한 작가는 절대로 직설적인 메시지를 제공하지 않는다.
고전은 인간 본성에 대한 진리를 다룬다.	• 책은 인간 본성에 대한 진리를 보여 주어야 하며, 그렇지 않으면 오랫동안 매력을 갖지 못한다. • 심지어 인간에 관한 것이 아닌 책도 인간 본성에 대한 진리를 보여 줄 수 있다.	• 인간 본성에 대해 단 하나만의 '진리'가 존재한다.
사회학		
우정은 어려운 시기를 지나면 깊어지기도 하지만 깨어지기도 한다.	• 위기는 사람들에게서 최상의 것을 끌어낼 수 있다. • 위기는 사람들에게서 최악의 것을 끌어낼 수 있다.	• 우정은 한번 깨어지면 절대로 회복될 수 없다.

사법제도가 공정해지기 위해서는 대립적이어야 한다.	• 대립적인 사법제도에서 진실을 얻기 위해서는 두 측면이 모두 과장되어야 한다. • '진실'은 관점에 따라 달라진다.	• 정의에 관해서는 명확한 옳고 그름이 절대 있을 수 없다.
경제학		
가격은 수요와 공급의 기능이다.	• 경쟁은 물건의 가격을 내리게 한다. • 물건의 가치는 수요와 물건이나 서비스의 이용이 가능한가에 따라 매겨진다.	• 사람들은 자유 시장에서 그들의 가치나 필요에 따라서만 물건을 구입한다.
사람들이 천연자원을 현명하게 사용하지 못할 때, 그들은 인간 생활환경을 파괴시킨다.	• 지구는 삶을 지속하는 데 필요한 제한된 자원만을 공급한다. • 인간은 다른 어떤 동물보다 천연자원에 해로운 영향을 준다.	• 인간은 새로운 기술의 개발로 모든 천연자원을 보충할 수 있다.
미술과 음악		
위대한 예술가는 깊은 감명을 주기 위해 관습을 깨뜨려야 한다.	• 우리는 예술가가 그 사회의 관습을 어떻게 해석하는가를 살펴봄으로써 사회의 가치에 대해 배울 수 있다. • 위대한 예술가는 사람들이 세상을 다른 관점으로 볼 수 있도록 도와준다.	• 위대한 예술작품은 절대로 현실적이지 못하다.
누군가에게 음악이 다른 누군가에게는 잡음이 될 수 있다.	• 음악에서 위대함은 문화적 경험에 의해 정의될 수 있다. • 위대한 음악의 정의는 세대마다 다르다.	• 음악은 단 한 가지의 요소에 근거하여 좋거나 위대하다고 여겨져도 된다.
역사		
역사는 '승자'에 의해 쓰인 이야기다.	• 교과서조차도 특정한 관점에 근거하여 쓰일 수 있다. • 때때로 정치적 선전이 역사랍시고 쓰일 수 있다.	• 역사책은 절대적인 진실만 알려 준다.

다른 시대를 공부하는 것은 우리 스스로를 이해할 수 있도록 도와준다.	• 다른 시대를 공부하는 것은 진정한 인간이 필요로 하는 것을 결정할 수 있도록 도와준다. • 시대마다 각기 다른 특징이 존재하지만 인간 본성은 변함없이 유지된다.	• 우리는 과거를 배움으로써 역사의 과정을 변화시킬 수 없다. 그런데 왜 그것을 공부해야만 하는가?
과학		
화석은 지구의 역사를 알려 주는 증거다.	• 지구상의 지질학적인 변화는 식물과 동물이 부패되기 전에 보존 상태를 변화시킨다. • 몇 세대 전의 식물과 동물의 잔해는 암석에서 찾을 수 있다.	• 화석은 모든 종교적 믿음을 훼손시켰다.
약물에 내성이 있는 다양한 박테리아와 바이러스는 인간이 항생제와 항바이러스성 약물을 잘못 사용한 결과다.	• 유기체는 생존하기 위해 그들이 살고 있는 환경에 적응하여 산다. • 적자생존은 유기체가 항생제에 저항한 결과에 적응한 것을 의미한다. 이것은 현재 유용한 항생제가 미래에는 비효과적일 수 있음을 의미하며 미래에 엄청난 건강 문제를 야기할 수도 있다.	• 아플 때는 언제든 낫기 위해 약을 사용할 수 있다.
수학		
더 많은 수학적 원리를 이해할수록 문제를 해결하는 데 더 효율적일 수 있다.	• 공식을 암기하는 것은 당신이 수학적 원리를 이해하도록 돕는 데 필연적으로 도움이 되는 것은 아니다. • 대수학이나 기하학에서 근본적인 개념을 이해하는 것은 일상의 생활에서 직면하는 문제를 해결하는 데 도움이 될 수 있다. • 새로운 문제에 부딪혔을 때 수학 전문가들은 문제의 근원과 그 뒤에 숨겨져 있는 근본적인 개념을 이해하려고 노력한다.	• 수학은 실제 생활과 연관되어 있지 않다. • 수학은 가능한 한 빠르고 어렵지 않게 문제를 해결하는 것이다. • 수학적 사고란 올바른 공식을 각각의 문제에 적용하는 것을 말한다.

보건		
건강하다는 것은 육체적인 것뿐만 아니라 정신적인 것도 포함한다.	• 또래로부터의 압박은 종종 건강과 관련한 선택에 역효과를 준다. • 스트레스는 건강상의 문제를 일으킬 수 있다.	• 건강은 전적으로 유전적 기질에 영향을 받는다.
정치학		
정부의 주요 목표는 정권을 유지하는 것이다.	• 권력은 타락한 힘이 될 수 있다. • 올바른 정부는 편견이나 고정관념을 내세우지 않는다.	• 권력을 획득하는 유일한 방법은 부정부패를 행하는 것이다.

본질적 질문 혹은 안내 질문 선택하기*

학생은 학습단원의 주요 아이디어를 위주로 본질적 질문을 해결하려고 노력하면서 이해를 구축한다. 질문이 본질적이고 유의미하게 되려면 그것들은 학생이 추구하기를 원하는 이해를 촉진해야 한다. 다음 생태학 단원 예시에서 우리는 한 가지의 본질적 질문과 몇몇 안내 질문을 규정한다.

본질적 질문은 개방형 질문이어야 하고 학생이 이해할 수 있도록 기술되어야 한다. 또 간단하거나 한 가지의 올바른 대답이 나오는 질문이 아니라 깊은 사고를 안내할 수 있는 질문이어야 한다. 본질적 질문은 반직관적이거나 논란이 많을 수도 있으며, 이는 학생을 실질적인 대화와 논쟁에 참여시켜야 한다. 본질적인 질문은 빠르고 쉽게 대답될 수 없으며 다시 논의할 가치가 있는 것이다. 사실 본질적 질문은 인생 전반을 통해 되풀이된다. 본질적 질문은 학생들에게 내용 지식(content knowledge)과 개인적 경험을 고려하도록 하여 중요한 철학적·개념적 문제를 제기하고는 한다. 본질적인 질문은 창의적이고 비판적인 사고, 상상력,

---

* McTighe & Wiggins(2013)에 의하면, 질문에는 유도(Lead) 질문, 안내(Guide) 질문, 흥미유발(Hook) 질문, 본질적(Essential) 질문이 있는데, 이 중 유도 질문은 한 가지 정답이 있는 질문이며 안내 질문은 유도 질문보다 범위가 넓고 지식의 회상을 넘어 약간의 추론을 요구한다는 차이가 있음.

호기심을 고무시켜야 하며, 이해를 위한 동기를 촉진해야 한다. 또한 학생이 배우고 있는 것으로부터 새로운 의미를 구성하여 다른 질문을 하도록 이끌어야 한다.

그러므로 본질적 질문은 질문 형태의 개념들이며 넓은 의미에서 기술되어야 하며, 조직자의 역할을 하고 학습단원이나 차시 수업의 초점을 설정한다. 학생은 반드시 본질적 질문을 이해할 수 있어야 한다. 본질적 질문은 논리적인 순서대로 기술되어야 하고 중복되어서는 안 된다.

Heidi Hayes Jacobs(1997)에 따르면, 당신이 선택한 본질적 질문은 각각 '뚜렷하고 실질적'이어야 한다. Jacobs는 본질적 질문은 교사의 의도를 드러낸다고 생각한다. 본질적 질문을 선택할 때 약속을 하고 있는 것이다. 사실상 여러분은 "이것이 우리가 학습에서 초점을 두는 것이다. 학생이 이 본질적 질문에 내포된 핵심 개념을 자세히 살펴보도록 돕기 위해 교수 기술을 발휘할 것이다."라고 말하고 있는 것이다. Jacobs(1997)는 본질적 질문이 조직자로서 역할을 하고 교사가 그것을 위주로 '여러 가지 활동'을 구조화해야 한다고 생각한다. 그녀는 여러분이 그 학습단원에 투입할 수 있는 시간을 모두 투입해야 '현실적'인 본질적 질문의 개발이 가능하다며 그 일의 중요성에 대해 경고한다.

학생이 본질적 질문을 해결하기 위해 노력함으로써 그들은 이질적으로 보였던 아이디어, 개념, 사실 사이에서 통찰력 있는 연결고리를 찾을 수 있다. 이와 같은 안내 질문들은 학생이 서로 다른 맥락에서 학습하고 있는 것을 어떻게 적용할 수 있을 것인가에 대해 생각하도록 한다.

생태학 단원의 예시

본질적 질문
인간은 삶을 계속해서 유지할 수 있도록 지구를 깨끗하고 안전하게 지키기 위해 어떤 일을 할 수 있는가?

안내 질문(본질적 질문을 탐구하기 위해 필요한 개념)
- 우리의 삶을 유지하기 위해서 왜 환경 균형이 필요한가?
- 삶에 필수적인 원소가 어떻게 해서 유기체 간에 계속적으로 재생되는가?
- 인간 습성이 어떻게 생태계를 변화시키고, 그것이 단기적·장기적으로 어떤 결과를 낳을 수 있는가?
- 인간은 지구의 천연자원을 어떻게 보호하고 발전시키고 있는가?
- 우리는 인간과 산업이 환경을 오염시키는 것을 어떻게 예방할 수 있는가?

〈표 4-2〉의 설계 가이드에 제시된 단계를 따라가면, 학습단원의 본질적 혹은 안내 질문을 정의하는 것에 도움이 될 것이다.

표 4-2 본질적 혹은 안내 질문 설계 가이드

단계	추론
1. 본질적 질문으로서의 주요 목적이나 목표를 기술하라.	학생이 이 본질적 질문을 탐구함으로써 이르게 될 영속적 이해는 무엇인가?
2. 학생이 탐구할 필요가 있을 더 작은 핵심 개념이 무엇인지 결정하라.	어떤 학생이 어떤 연관성을 지어야 할 것인가? 학생은 알고 있는 것과 배우는 것을 어떻게 적용할 것인가?
3. 이들 핵심 개념을 학생들이 이해할 만한 안내 질문으로 고쳐 쓰라.	각각의 연관성이나 적용 포인트를 답변을 요하는 별개의 질문으로 바꾸라.
4. 안내 질문을 논리적이거나 계열적으로 정돈하라.	질문을 가장 광범위한 것부터 가장 구체적인 것까지 정돈하는 것을 고려하거나, 기초적 지식이 가장 먼저 구성되도록 질문을 정돈하라.
5. 안내 질문을 학생과 논의하여, 그들이 분명히 그것들을 이해하도록 하고 필요하다면 수정할 수 있도록 하라.	질문은 학생으로부터 성취되도록 반드시 현실적이고 실제적이어야 한다.
6. 본질적 질문과 안내 질문은 잘 볼 수 있는 곳에 게시하라.	학생은 이러한 질문들이 자신에게 본질적이라는 메시지를 계속해서 얻어야만 한다.

본질적 질문과 안내 질문의 예시

〈표 4-3〉은 몇몇 다양한 내용 영역에서의 본질적 질문 예시를 보여 준다. 이 표를 보며 이들 질문이 의미하는 개념에 대해 생각하라. 어떻게 학생이 이들 질문을 탐구하고 그 이면의 주요 아이디어를 이해할 수 있을 것인가? 학생이 주요 개념을 발견하려면, 관련되는 더 작은 핵심 질문 중 어떤 것을 탐구해야 하는가?

표 4-3 교과별 본질적 질문 혹은 안내 질문 예시

교과	질문
문학	• 읽기 좋은 책과 고전은 어떻게 다른가? • 무엇이 일시적으로 유행하는 책과 고전을 구분되게 만드는가?
사회과학	• 우리가 어떻게 사회 정의 실현을 보장할 수 있는가?
경제학	• 주식 시장이 얼마나 합리적이며 그 이유는 무엇인가?
미술과 음악	• 예술은 검열되어야만 하는가? 그렇게 생각하거나 그렇게 생각하지 않는 이유는 무엇인가?
지리	• 어떻게 인간의 운명이 지리에 의해 결정되는가?
역사	• 역사는 어떤 방식으로 적자생존을 반영하는가?
정치학	• 민생을 돕는 데 정부의 적합한 역할은 무엇인가? • 정부 역할이 도를 넘는 것은 어떤 경우인가?
과학	• 그럴듯한 믿음이 어떻게 과학적 이론이 되는가?
수학	• 어떻게 하면 수학 문제를 해결하는 데 있어 더 효율적일 수 있는가?
외국어와 문화	• 한 사회의 가치와 믿음이 모국어, 종교, 문화에 어떻게 반영되는가?
보건	• 유전과 환경이 건강에 어떤 영향을 미치는가?
체육	• 적절한 운동이 사람의 건강과 행복을 어떻게 증진시킬 수 있는가?

학습 목표 설정: 학생이 알아야 하고 할 수 있어야 하는 것은 무엇인가

단원을 총괄하는 성취기준, 주요 아이디어, 본질적 질문과 안내 질문을 결정하였다면, 다음 단계는 학생의 학습 목표를 결정하는 것이다. Bransford, Brown과 Cocking(1999)에 따르면, 학생이 탐구 분야에서 능력을 개발하기 위해서는 사실적 지식의 기초가 깊어야만 한다. 게다가 학생은 개념적 틀의 맥락 속에서 사실과 개념을 이해해야만 한다. 이런 방식으로 조직된 지식은 쉽게 인출될 수 있고 문제를 해결하는 데 사용될 수 있다. 문제는, 우리가 어떻게 하면 학생들이 이를 성취하도록 할 수 있느냐는 것이다. 우리는 학생이 성취하기를 바라는 학습 목표를 어떻게 결정할 수 있을 것인가?

학습 목표는 학습단원을 마칠 때 학생이 알고 있고 할 수 있게 될 것이다. 아는 것과 행하는 것은 관련되어 있지만 같은 것은 아니다. 구체적인 학습 목표를 세우는 것은 학생이 수업 목표에 도달할 수 있도록 하는 차시 수업 개발을 도울 것이다. 다음 질문을 명심하라.

- 학생이 본질적 질문에 답하는 것을 도울 것으로서, 학생이 이미 알고 있는 것과 이미 지니고 있는 기능은 무엇인가?
- 질문에 답하기 위해 필요한 새로운 지식과 기능은 무엇인가?
- 학생이 개념을 탐색하고 대답을 지향하는 것을 활발하게 이끌도록 하기 위해 당신이 사용할 수 있는 전략은 무엇인가?
- 학생이 자료를 이해하고 있음을 어떻게 알 수 있을 것인가? 학생이 학습 과정에서 겪는 혼란을 어떻게 찾아낼 것인가?
- 학습 곤란을 겪는 학생을 어떻게 도와줄 것인가? 더 많은 도전을 원하는 학생에게 어떤 경험을 풍부하게 제공할 수 있는가?

교수의 최종 목표는 이해를 확립하는 것임을 기억하라. 그러나 이해는 정확한 정보 없이는 존재할 수 없다. 학생들은 사실적 지식의 기초가 바로 잡혀 있어야 한다. 사실적 지식은 이해에 요구되는 자료다. 그러나 사실적 지식이 설교적이고 무관한 방식으로 가르쳐진다면 이해를 이끌어 낼 수 없을 것이다. 따라서 학생이 이해를 형성하기 위해 필요할 정보가 무엇인지 결정해야만 한다. 학습단원의 주요 아이디어를 위주로 개념적 틀을 형성하는 것에 도움이 되기 위해 학생이 무엇을 알아야만 할지 생각해 보라. 다음 두 가지 질문을 고려하라.

- 어떤 사실, 개념, 원리가 학생이 단원의 본질적 질문에 대한 대답을 조사하도록 도울 것인가?
- 학생이 견고한 이해의 틀을 확립하도록 돕기 위해 이 지식을 어떻게 하면 가장 잘 조직할 수 있는가?

생태학 단원의 예시

학습 목표 – 지식 활성화(학습자가 알 것)

- 동식물이 살기 위해 필요한 것에 대한 주요 사실적 정보
- 인간 습성이 어떻게 공기, 물, 땅을 영구적으로 변화시키는가에 대한 사실적 정보
- 지속 불가능한 방식으로 천연자원을 사용하는 것의 단기적 · 장기적인 결과
- 에너지로 사용될 수 있는 재생 가능한 천연자원
- 인간은 어떻게 재생 가능한 에너지를 실용적인 방법으로 사용할 수 있는지
- 학생의 지역사회에 존재하는 구체적 환경 문제는 무엇인지
- 지역사회의 환경 문제를 해결하기 위한 실용적인 제안

다음으로, 학습단원의 결과로서 학생이 할 수 있어야 할 것을 결정해야 한다. 학생은 기능, 즉 그들의 지식을 적용할 수 있게 하는 특정 절차, 전략, 방법을 습

득해야 한다. 학생들은 무언가를 하고, 만들고, 설명하고, 발표하고, 해석하고, 풀어내기 위해 그들이 아는 것을 택하여 적용할 때 이해를 증명할 수 있다.

생태학 단원의 예시

학습 목표 – 기능 활성화(학습자가 할 수 있어야 할 것)
- 동물과 식물이 각각 생명을 유지하기 위해 원료를 제공하는 다른 방식을 나타내기
- 지속 불가능한 방식으로 자원을 사용하는 것의 결과를 증명하는 실험을 수행하기
- 에너지원이 어떻게 재생 가능해지는지 보여 주는 모형을 구성하거나 게시물을 만들기
- 지역사회의 생태계 문제를 조사하기
- 한 가지 이상의 지역사회 생태계 문제와 그 문제를 함께 해결하기 위해 지역사회 구성원들이 할 수 있는 것에 대한 기사를 작성하기
- 탐구 결과를 독창적이고 기억에 남는 방식으로 발표하기

최종적 활동 개발

수동적으로 뒤에 앉아서 주요 혹은 중요한 아이디어를 듣기만 하거나 사실을 단순히 암기해서는 영속적 이해에 도달할 수 없다. 인간의 뇌는 학습에 임해야 한다. 우리가 연관을 지음에 따라 우리 뇌는 신경에서 이해의 틀을 구축한다. 이러한 틀은 영원한 반면 암기한 사실은 빨리 잊힌다.

학생의 동기는 그들이 실제적 조사에 참여할 때 더욱 높아진다. 실제적이란, 그들이 하는 활동이 교실 너머에서도 가치가 있다는 것을 의미한다. 학생은 진정

으로 답할 필요가 있는 본질적 질문을 해결하고 있음을 알 때 굉장히 큰 동기를 얻는다. 학생은 그들이 하고 있는 활동이 주위 사람들에게 실제 이익이 될 수 있다면, 특히 그것이 그들이 속한 공동체 사람들을 돕는다면 열심히 활동하도록 고무될 것이다.

실제적 문제는 어디서든지 찾아볼 수 있다. (사실, 그 문제들이 당신을 찾아올 때도 있다!) 가능하다면 학교 또는 지역사회에 영향을 줄 수 있는 실제 문제와 관련된 프로젝트나 궁극적인 탐구를 선택하는 것이 가장 좋다.

학생이 중심 개념을 숙달했음을 증명해 보이는 것에 높은 동기를 부여하도록 학습단원을 구조화하기를 원한다면 학생이 자신의 활동 결과를 공개할 수 있는 궁극적 이벤트를 기획해야 한다. 그리고 만약 그 궁극적 이벤트가 교실 너머에서도 가치 있는 것이라면 당신은 최고의 교수를 이룩할 것이다.

결과보다 과정이 더 중요하다는 것을 기억하라

궁극적인 이벤트를 계획할 때 한 가지 주의해야 할 것이 있다. 그것은 핵심이 되는 학습단원의 중심부에 있는 주요 아이디어를 탐색하고 발견하는 과정이다. 그 과정의 완전함은 학생이 궁극적으로 학습하고, 기억하고, 사용할 수 있어야 할 것이 무엇인지 결정하는 데에 있다. 비록 우리는 학생들이 고심하여 나타낸 프로젝트와 프레젠테이션을 공개하기를 원하지만, 항상 가장 중요한 것은 학습 과정이다. 학생은 스스로 프로젝트나 프레젠테이션을 완성하기 위해 탐구하고, 깊이 사고하고, 열심히 활동해야만 한다. 교사의 역할 한 가지는 학습의 질을 관리하는 사람이다. 그러나 궁극적 결과물이 좋아 보이도록 학생들의 활동을 해 줄 수는 없다. 활동하는 사람이 학습을 해야 하는 것이며, 그것은 항상 학생이어야 함을 기억하라.

이와 같은 궁극적 프로젝트가 어떻게 학습단원과 결부되는지에 주목하라. 학생은 생태학이라는 주제를 깊이 있게 탐구할 기회를 가지고, 본질적 질문을 해결하려고 노력하고, 이 주제의 다른 측면에 대해 깊은 이해를 형성하고, 지역사회에 긍정적으로 영향을 줄 수 있는 실제적인 무언가를 하는 데에 그들이 배운 것을 사용한다.

생태학 단원의 예시

궁극적 활동: 사회 문제 토론회

학생들은 모둠별로 우리 삶에 영향을 주는 생태학적 이슈와 우리가 살고 있는 환경을 보호하기 위해 할 수 있는 것에 대해 지역 구성원들에게 알려 주려 한다. 학생들은 설명문, 대본, 토론, 슬라이드쇼, 노래, 춤, 기타 프레젠테이션 전시를 준비할 수 있다. 그 전시와 발표는 동식물이 생존을 위해 필요한 것, 어떻게 동식물이 삶을 지속시키기 위해 서로 의지하는지, 인간의 행동(예를 들어 재생 불가능한 에너지원 사용)이 생태계를 어떻게 영구적으로 변화시키는지에 대한 정보를 포함할 것이다. 학생들은 지역사회의 문제를 자세히 설명하고 지역사회 구성원들이 이 문제를 해결하기 위해 할 수 있는 구체적인 방법을 담고 있는 '너무 늦지 않았다: 우리 지역의 환경을 어떻게 보호할 것인가' 라는 원본 매거진을 나눠 줄 수도 있다. 학생들은 지역 구성원들에게 이전에는 하지 않았던, 최소한의 한 가지 방식으로 환경을 위해 헌신을 하도록 요구할 것이다. 학생 프로젝트는 지역 도서관에 전시될 것이고 매거진 복사본은 도서관에 기증될 것이다.

다음은 교육과정 전체에 걸쳐 가능한 최종적 프로젝트의 예시다.

과목	최종적 활동
시민윤리	학생은 지역의 빈 공간을 다양한 나이대 사람들을 위한 친환경적 공원으로 만들기 위해 제안서를 쓰고 계획을 구상한다.
수학	학생은 학교 매점을 열고 그 수익을 사용하여 가까운 병원의 소아과 병동에 책과 장난감을 기부한다.
영어/ 국어	학생은 하급생들을 위한 시를 쓰고 그림책을 만든다.

결 론

   백워드 설계에 근거한 학습단원 고안의 첫 번째 단계는 '주요 아이디어' 단계다. 당신은 수업의 결과가 정확히 무엇이기를 원하는지에 대해 신중하게 생각해야 한다. 학습단원을 통해 학생이 성취하기를 원하는 영속적 이해는 무엇인가? 학생이 조사하고 탐구할 만한 가치가 있는 본질적 질문은 무엇인가? 이해를 저해하는 선행 오개념은 무엇인가? 그들은 어떤 구체적인 지식과 기능을 요구할 것인가? 어떻게 학습을 실제적이고 고무적이게 만들 수 있는가? 어떤 궁극적 프로젝트가 학생이 수업 목표를 충족했음을 보여 줄 수 있는 기회를 제공할 것인가? 일단 학생이 최종적으로 도달하기를 원하는 지점을 알고 나면, 그들이 거기에 이르도록 도울 계획을 신중하고 세심하게 세울 수 있을 것이다.

탐구문제

1. 학생을 당신이 가르치고 있는 주제나 과목의 주요 아이디어로 이끌 본질적 질문들은 무엇인가?

2. Bransford, Brown과 Cocking(1999)은 "학생은 세상이 어떻게 움직이는지에 대한 선개념을 가지고 수업에 참여한다. 만약 그들의 첫 이해가 들어맞지 않으면 그들은 새로운 개념과 가르쳐지는 정보를 완전히 이해하는 데 실패하거나, 시험을 위해 그것들을 학습하되 교실 밖에서는 그들의 선개념으로 되돌아갈 수도 있다."라고 말한다. 당신은 어떻게 가르치는 주제에 대해 학생들이 가지고 있을 몇몇 흔한 오개념을 알아낼 수 있는가? 당신은 어떻게 이런 가능한 오해를 수업에서 다룰 수 있는가?

3. 당신은 어떻게 최종적 프로젝트가 실제적이도록, 그리고 그것이 학생이 수업목표에 도달했음을 입증할 수 있도록 구조화할 수 있는가? 당신의 성적 체계는 이 수업 방법에 부응하는가?

제5장 수업의 초점으로서 평가

다음 시나리오를 상상해 보자.

학기말이 가까워졌다. 교사 브라운 씨는 그의 최종 성적을 제출해야만 했고, 솔직히 걱정되었다. 그의 학급에는 정확하게 대답하고, 숙제를 규칙적으로 하며, 참여하기를 좋아하는 몇몇의 우등생이 있다. 그의 학생 중 많은 학생은 단지 앉아 있기만 하는 듯 보였고, 그들 중 몇 명은 명백하게 흥미가 없었다. 그중 세 명은 그들 마음대로 행동하였고, 수업에 완전히 지장을 주었으며 무례했다. 브라운 씨가 공식적으로 매길 수 있는 성적은 약간이었다. 그는 곤경에 빠졌다. 그는 학생들의 현재 활동에 점수를 매길 시간이 충분하지 않다는 것을 알고 있었다. 그래서 그는 쪽지를 나누어 주고 선다형 시험을 치르기로 결심했다. 그는 어떤 결과가 나올지에 대해서 꽤나 확신했다. 몇 등급의 평가와 함께 그가 불공평했다는 비난을 피할 수 있다고 느꼈다. 평가에는 시간이 많이 걸리지 않았다. 그는 모든 학생이 제출한 짧은 에세이의 형편없는 결과물을 보았을 때 충격을 받았고, 그의 우등생조차도 시험에 실패했다는 것을 깨달았을 때 실망하였다. 그것에 대해 조치를 취하기에는 너무 늦었다.

---

* 5장의 의미는 다음과 같다. 평가가 수업에서 초점이 되게 하려면 어떻게 하야 하는가 하는 문제를 다루고 있다. 가르치는 일에 초점을 맞추기 위해서 평가는 어떠한 도움을 줄 수 있는가? – 역자 주

브라운 씨는 자신의 수업에 활발히 참여하는 학생은 자료를 알 것이며, 그가 그들에게 좋은 점수로 보답하는 것이 가능할 것이라고 가정했다. 불행히도 그는 학생을 규칙적으로 평가하지 않았기 때문에 그들의 능력이나 이해에 대해 알지 못했다. 그러므로 그는 학생에게 실질적으로 도움이 되게끔 그의 교수를 구조화할 수 없었다고 할 수 있다.

정보에 입각하여 결정 내리기

우리는 학생이 무엇을 배울 준비가 되었는지 어떻게 아는가? 우리는 그들을 어떻게 가르칠 것인지 어떻게 아는가? 정답은 학생이 무엇을 아는지, 무엇을 혼돈스러워하는지, 그들에게 무엇이 가능하고 불가능한지에 대해 끊임없이 평가하고 고심하는 데에 있다. 만약 우리가 주의 깊게 그들의 지식 기반과 학습 기술을 지속적으로 평가하지 않는다면, 우리는 학생을 효과적으로 가르칠 수 없다. 모든 교사는 어떻게 정확하고, 공평하고, 효과적으로 학생을 평가할지 고심한다. 교수의 목적이 영속적 이해라면, 교사와 학생 모두가 이후에 가르치고, 배우고, 이해하는 것이 가능하도록 하는 정보를 얻기 위해서는 진행 중 평가가 필수적이다.

보통 교실 밖의 교수 상황에서는 진행 중 평가를 흔히 찾아볼 수 있다. 예컨대, 지휘자가 오케스트라와 연습할 때 그는 틀림없이 전체적인 오케스트라를 들어야 할 뿐만 아니라 악기 부분과 개인 연주자들의 연주도 들을 수 있어야만 한다. 그는 오케스트라 구성원들이 정확하게 적시에 들어오는지, 음을 정확하게 연주하는지, 음악적 기호에 주의를 기울이는지, 음정을 유지하는지 확인해야 한다. 만약 작품에 가사가 있는 경우 지휘자는 음악의 분위기에 가사의 해석이 반영되도록 하는 방법들을 알아야 한다. 지휘자는 오케스트라가 개선하기를 원하는 음악의 특정 면에 관심을 가져야 하지만 연주의 모든 면에서 계속해서 주의를 기울여야 한다. 오케스트라가 악보를 올바르게 연주하도록 하기 위해 지휘자가 지휘를 조정할 수 있는 것은 오직 음악가들이 연주하는 것에 대해 항상 귀를 기울이는 분석을 통해서다.

　그러나 만약 목표가 참된 음악가적 자질(즉, 음악이 어떻게 연주되어야 하는지에 대한 영속적 이해)이라면 악보를 적당히 기술적으로 연주하는 것으로 충분하지 않다. 오케스트라가 음악가적 자질을 성취할 수 있도록 하기 위해서는 지휘자와 연주자 모두가 경계를 늦추지 않아야 한다. 지휘자는 각 구성원들이 주어진 시간에 할 수 있는 것과 할 수 없는 것들을 알고 적당한 피드백을 주어야 한다는 것을 인식하고 있어야 한다. 그는 부분적 리허설을 하고 개인적으로 도움을 줘야 한다. 지휘자는 계속해서 연주자들을 지도하고, 그들의 성공적인 연주에 피드백을 주고, 필요할 때에는 물러서고, 연주자들이 준비가 되었을 때 더 발전된 개념으로 나아가야 할 것이다. 연주자들은 기법을 계속 연습하고 리허설하며, 피드백을 내면화하고, 그들의 음악가적 자질과 공연 수준을 높이기 위해서 그 피드백을 사용해야 할 것이다. (아마도 올바른 교수와 충분한 연습을 통해 오케스트라는 그들의 카네기 홀 데뷔를 기립박수로 마무리하게 될 것이다!)

　학생 또한 깊은 이해를 형성하는 데 방해가 되는 혼란을 극복하려면 계속되는 피드백이 필요하다. 그들은 잘 나아가고 있을 때와 궤도를 이탈했을 때를 알 필요가 있다. 적절한 피드백은 학생이 자신의 지식 기반과 기능 수준을 심화시키고, 적절한 관련성을 맺도록 하며, 그들의 학습을 새로운 상황에 적용하도록 도울 수 있다. 피드백은 그들이 사고와 작품의 질을 완전히 바꾸도록 도울 수 있다. 문제는 교사들이 책임질 수 있는 학생의 수를 감안할 때 어떻게 이것을 효과적이고 효율적으로 할 수 있느냐는 것이다. 한 가지는 확실하다. 당신의 학생들이 무엇을 알고 있고 할 수 있는지 정확하고 완벽하게 파악하기 위해서 당신은 자료를 수집하는 다방면의 접근이 필요할 것이다.

다양한 측정 방법 활용: 스냅샷 대 앨범 사진

만약 당신이 언젠가 오래된 가족사진을 본다면, 당신은 삶의 다양한 시대와 무대를 지나오면서 당신이 얼마나 많이 변해 왔는지를 보고 놀라게 될 것이다. 모든 인간은 역동적이다. 인간은 내면적인 요소와 외부적인 요소 모두에 의해 계속해서 변한다. 아마도 당신이 누구인가를 정확하게 정의할 수 있는 단 하나의 사진은 없을 것이다. 그러나 만약 당신의 앨범이 시간이 지남에 따라 많은 다른 종류의 사진들로 채워진다면 그 전체는 단지 하나의 사진보다 당신이 누구인지에 대한 정확한 설명을 명백하게 제공할 것이다.

학교에서 지정한 학생의 기능에 대한 명확한 그림을 얻는 것은 다른 유형의 평가를 요구한다. 모든 평가가 공식적인 것은 아니며, 모든 평가에 펜과 종이가 필요한 것은 아니다. 일부는 단지 학생의 말과 행동에 주의 깊은 관찰을 요한다. 그러나 한 순간의 스냅샷은 결코 충분하지 않다. 학생은 끊임없이 성장하고 변화한다. 교사는 의미 있는 방향으로 교수를 조정하기 위해 진행 중 정보가 필요하다. 계속적으로 학생이 무엇을 알고 무엇을 할 수 있는지에 대해 점검하지 않는다면 당신의 수업은 문제에 부딪히거나 빗나갈 것이다. 교사는 학생에게 이해를 증명할 다양한 방법을 제공해야 하고, 학생에게 그다음 수행을 향상시키는 데 필요한 것에 대한 명확하고 구체적인 피드백을 줘야 한다.

그러므로 교사는 학생이 학습단원의 바라던 결과를 성취하고 있다는 것을 입증해 보일 수 있는 수용 가능한 증거를 결정해야만 한다. Grant Wiggins와 Jay McTighe(2005)에 따르면, 이것은 교사에게 '평가자처럼 생각하기'를 요구한다. 교사는 '학생의 이해 정도를 확인하기 위해 무엇을 살펴볼지' 결정해야 한다. 교사는 학생이 1단계에서 윤곽을 잡은 학습 목표를 얼마나 잘 충족시키고 있는지에 대해 그들에게 가장 구체적인 정보를 줄 증거를 밝혀야 한다. 교사는 학생의 이해

에 대해 명백하고 계속 진행 중인 그림을 얻기 위해 다양한 측정을 사용해야 한
다. 교사는 이 자료들이 수업을 안내하는 데 어떤 도움이 될 수 있는지도 판단해
야 한다.

몇 가지 주요 사안은 다음과 같다. 먼저, 당신의 학습단원의 목표에 대하여 생
각하라. 학생의 학습 목표는 무엇인가? 그리고 각 학습 목표를 가장 잘 평가할 방
법을 결정하라. 작성된 평가, 수행기반 평가, 학생이 말하고 행동하는 것에 대한
신중한 관찰을 통해 당신이 어떤 학생 자료를 모을 수 있는지에 대해 생각해 보
라. 각각의 평가는 당신이 그것을 실시하는 목적과 신중하게 일치되는 것이 중요
하다. 예컨대, 만약 학습 목표 중 하나가 학생이 수학 문제의 풀이 과정을 설명하
는 것일 때, 평가에서 그들은 작업의 모든 부분을 설명하도록 요구되어야 한다.

최종적으로, 학생의 요구에 근거하여 당신의 수업을 조정하고 초점을 맞추기
위해 당신이 수집한 학생 자료를 어떻게 사용할지 결정하라. 만약 수집한 정보가
학생이 알고, 할 수 있고, 그들이 무엇을 혼돈스러워하는지에 대해 명백하고 구
체적인 상을 제공한다면 그것은 당신이 수업을 차별화하는 데 도움을 줄 것이다.
자료는 교육 목표를 초월한 학생을 위한 심화 및 속진 전략뿐만 아니라 교육 목
표를 충족시키지 못한 학생을 위한 효과적인 개입 전략을 개발할 수 있게 해 줄
것이다.

평가 유형

공식적 · 비공식적 평가들은 폭넓은 전반적 기능 영역을 다룰 수도 있다. 그러
나 더 나아가기 전에 다양한 평가 유형과 그들이 드러내는 것을 정의하는 것이 도
움이 될 것이다.

선별평가(screening assessments)는 보통 학년 초 학생에게 시행되고, 혹은 학습 단원을 시작할 때 시행될 수도 있다. 일반적으로 어느 아이들이 학년 수준이나 그 이상에 있는지, 어느 아이들이 구체적 기능 및 지식에서 취약하여 성공을 위해 추가적 지원이 필요한지 확인하는 데에 사용된다. (어떤 이가 지니고 있을지도 모르는 질병을 판단하기 위해 하는 건강 검진을 생각해 보라.) 선별평가의 예시로는 학습단원을 시작하기 전에 시행하는 사전평가나 유치원 혹은 어린이집 준비도 체크리스트 등이 있다.

진단평가(diagnose assessments)는 학업 진전이 없는 학생의 결손 성향에 대해 보다 상세한 정보를 제공한다. 그것은 발전이 결여된 이유를 판단하기 위해 시행되는데 이것이 항상 분명한 것은 아니다. 진단평가는 오로지 다른 평가들을 통해 얻은 정보가 학생의 학습 곤란을 설명하기에 불충분하다고 여겨질 때 요구된다. 이런 평가들은 대개 숙달된 전문가들에 의해 치러진다.

형성평가(formative assessments)는 수업에 정보를 주는 데에 사용된다. 그것은 공식적일 수도 있고 비공식적일 수도 있다. 교사가 수업을 안내하기 위해 평가와 학생 행동에 대한 관찰을 사용할 때, 그들은 교수를 효과적으로 구조화하기 위해 학생에 대해 그들이 알고 있는 것을 사용할 것이다. 형성평가는 많은 형태로 나타난다. 형성평가의 예로 예비검사, 학생 글쓰기 초안, 반성 자료, 쪽지시험, 학생의 문제해결 기술 분석, 예측, 주어진 질문에 대한 구두 응답, 실험 결과에 대한 설명 등이 있다. 교사는 또한 학생이 배운 것을 새로운 맥락에 적용하기를 요구하는 형성평가를 제시할 수도 있다. 예컨대, 교사는 학습단원의 주요 아이디어와 관련된 실제 세계 적용을 반영하는 일련의 문제를 제시할 수 있다. 교사의 목적은 학생들이 배운 주요 아이디어(혹은 본질적인 개념)를 이용해서 문제를 풀 수 있는지 알아보는 것이다. 결과들을 검토한 다음, 학생은 자신의 해결책들이 어떻게 관련되었는지 모둠별로 토의할 수 있다.

향상도 점검 평가(progress monitoring assessments)는 진행 중 평가다. 이 용어는 앞의 두 단어를 뒤집어 '향상도 점검(monitoring progress)'으로 부르면 그 의미를 기억하기가 쉽다. 이 평가는 학생이 교수되는 것을 학습하고 있는지, 힘겨워하는 학생을 위해 투입된 개입 전략이 효과적인지에 대해 교사가 판단하도록 돕는다. 그것은 또한 어느 학생이 교육과정상 앞으로 나아갈 준비가 되었는지, 어느 학생이 배경 정보나 개입 기법이 더 필요한지 확인한다. 이 평가는 공식적일 수도 있고 비공식적일 수도 있으며, 대개 간단하다. 그것의 실시 빈도는 특정 학생의 요구에 따라 다르다. 읽기에서 향상도 점검 평가의 예로, 교사가 개인별로 테스트하여 학생들의 읽는 속도와 정확도를 기록하는 것이 있다.

총괄평가(summative assessments)는 학습단원에서 학생이 무엇을 배웠는지를 알아보는 데 사용된다. 이 평가는 수업 결과를 나타내 보이고, 꼭 수업을 안내하는 데에 쓰이는 것만은 아니다. 서술형일 수도 있고, 수행 기반일 수도 있고, 프로젝트 중심일 수도 있으며, 문제해결 형태일 수도 있다. 총괄평가의 예로 연방 수준, 주 수준, 지역 교육청 수준 학업 성취도 평가, 공식적 핵심 프레젠테이션, 챕터 평가, 단원 평가, 학기말 평가 등이 있다.

성과 측정(outcome measures)은 대개 정부 혹은 교육청에 의해 주어지는 큰 규모의 평가들이다. 정부나 교육청은 교육자가 학생 개인별, 학년별, 과목별, 수업 프로그램별 성공 여부를 판단할 수 있게 한다. 성과 측정은 규준 참조 또는 준거 참조 둘 중 하나가 될 수 있다. 규준 참조 평가는 나이 혹은 성적 수준별로 전국 학생의 성취를 비교한다. 규준 참조 평가의 예로 IQ 테스트와 인지 성취도 평가(Cognitive Achievement Tests)가 있다. 준거 참조 평가는 학년에 맞는 적정 내용에 대한 학생의 지식이나 기능을 측정한다. 성과 측정의 예는 국가 및 주 수준 수학, 읽기 평가뿐만 아니라 신체 적성 평가를 포함한다.

전통적 평가는 표준화된 것일 수도 있고 교사가 만들 수도 있으며, 대개 지필평가다. 전형적으로, 학생은 평가를 완료하기 위해 답을 선택하거나 특정 정보를 회상하도록 요청된다. 전통적 평가는 대개 학생이 교육과정에서 배운 지식의 구체적인 부분이나 특정한 일련의 기능을 획득했는지 판단하기 위해 사용된다. 전통적 평가의 예는 곱셈 퀴즈, 객관식 혹은 단답형 테스트, 특정 내용에 대해 점수 매겨지는 에세이를 포함한다.

참평가(authentic assessments)는 보통 제약을 두지 않고, 교사가 만든다. 참평가는 증명, 구성, 수행, 실험, 분석, 종합, 적용 등을 수반한다. 이 평가는 학생에게 실제 세계에서의 도전에 근거를 둔 문제를 풀기 위해 그들의 지식과 기능을 의미있게 사용할 수 있음을 증명하는 과제를 수행하도록 요구한다. 참평가의 예는 다음과 같다. 학생은 산불, 토네이도, 허리케인, 홍수에 빈번히 시달리는 지역에서 주거지 파괴, 인명 피해를 통제할 해결책을 제안해야 한다는 시나리오를 받는다. 학생은 문제의 원인들을 설명한다. 학생은 단계마다 해결책을 제안해야 한다. 학생은 해결책에 대한 비용과 이윤을 서술해야 한다. 최종적으로, 학생은 정부 관계자에게 그들이 제안한 적당한 해결책을 보낸다.

수업에 정보를 주는 학생 행동 관찰하기

자료 수집과 평가 분야는 복잡해 보일 수 있으나 당신이 학생에 대해 알아낸 것의 대부분은 당연히 정보를 주는 방식으로 발생할 것이다. 대개의 자료는 사실상 일화적일 것이다. 대부분의 교사는 이미 학생에게 질문을 하고, 학생이 어떻게 할지 모르는 것처럼 보일 때 필수적인 배경 정보를 주려고 한다. 그러나 만약 당신이 학생을 관찰할 때 무엇을 살펴보아야 하는지 알고 있다면, 당신은 학생이 말하고 행동하는 것을 주의 깊게 듣고 봄으로써 놀라울 만큼 많은 정보를 모을 수 있을 것이다. 학생의 즉각적 요구를 알게 될 때, 당신은 학생의 요구를 더욱 효과적으로 충족시켜 줄 수 있다.

단지 학생의 대화, 질문, 학업 습관을 듣기만 해도 그들이 직면한 장애물을 극복하도록 도울 수 있는 방법에 대한 아이디어를 얻을 수 있다. 또한 교실에 '궁금 상자'를 배치하여 학생이 혼란스럽거나 호기심이 생길 때 질문을 적도록 함으로써, 비공식적 자료를 끌어낼 수도 있다. 당신은 학생에게 가르친 대로 혹은 발전을 드러내는 방식으로 학습을 요약하도록 요구할 수도 있다. 대부분의 경우 학생의 관심사를 간단한 방식으로 다룰 수 있을 것이다. 당신은 질문에 대답하거나, 재빨리 복습하거나 짧은 강의를 하거나, 학생을 궤도에 올려놓기 위해 대화를 나누거나, 서로 돕도록 하거나, 학생이 필요한 자료를 얻도록 도울 수 있다. 때때로 당신은 학생을 돕기 위해 더 많은 공식적인 중재 절차를 사용해야 할 수도 있다.

〈표 5-1〉은 당신이 가르치는 동안 살펴보아야 할 몇 가지 학생 행동을 열거한다. 이 표는 또한 당신의 관찰을 안내하는 데 도움을 줄 수 있는 질문들을 제시한다.

표 5-1 교수 목적을 달성하기 위한 학생들의 일화 관찰 분석

일화 관찰 영역	관찰을 안내하는 자기 질문	올바른 반응을 안내하는 자기 질문
학생 질문의 질	• 흥미에 대해 무엇을 말해 주는가? • 질문을 통해 학생은 자신의 혼란에 대해 무엇을 드러내는가? • 어떤 학생이 배우려 하고 있는 것에 대한 심오한 이해로 이끌어 주는 적절한 질문을 하고, 어떤 학생이 그렇지 않은가? • 어떤 학생이 질문하기를 꺼리는가?	• 당신은 학생의 관심 영역을 어떻게 다룰 수 있는가? • 당신은 학생의 혼란을 어떻게 해소할 수 있는가? • 더 필요한 학생에게 어떻게 도움을 줄 것인가?
학생 대화와 토론의 질	• 학생의 대화와 토론은 그들의 지식, 혼란, 흥미에 대해 무엇을 드러내 보이는가? • 만약 학생이 주제를 벗어난다면, 무관심한 것으로 비춰지는가? 혼란스러운 것으로 비춰지는가?	• 어떻게 도울 수 있는가? • 당신은 더 깊은 이해를 조성하기 위해 학생의 지식을 어떻게 사용할 수 있는가? • 당신은 학생이 혼란스러워하는 부분을 다루기 위해 무엇을 할 수 있는가?

		• 당신은 학생의 흥미를 끄는 자료를 어떻게 제공할 수 있는가?
학생 대답 내용	• 학생은 질문에 대답할 때 그들의 주장을 얼마나 잘 뒷받침하는가? • 어떤 학생이 질문에 정확하고 완벽하게 대답하고, 어떤 학생이 그렇지 못한가?	• 당신은 부정확하거나, 혼란스러워하거나, 주장을 뒷받침하지 못하는 학생을 돕기 위해 무엇을 할 수 있는가?
문제해결 방법의 효율성과 정확성	• 어느 학생이 문제해결 기법들을 효율적이고 정확하게 사용하는가? 어느 학생이 그렇지 못한가?	• 당신은 효과적이고 정확한 방법을 사용하는 학생이 자신의 전략을 공유하도록 하기 위해 어떻게 할 수 있는가? • 당신은 부정확하고 비효율적인 기법을 사용하는 학생이 새로운 전략을 배우도록 어떻게 도울 수 있는가?
모둠별 프로젝트에서 학생 역할	• 어느 학생이 모둠별 활동에 참여할 때 리더 역할을 맡는 경향이 있는가? • 어느 학생이 뒤에 앉아 모둠의 다른 구성원들이 활동을 완성하기를 기다리는가?	• 모든 학생이 반드시 모둠별 프로젝트에 최대한으로 기여하도록 하기 위해 당신은 어떻게 할 수 있는가?
민감성, 열정, 창의성	• 어느 학생이 학급 활동 참여에 대해 민감하고, 창의적이고, 열정적인가? 어느 학생이 그렇지 않은가?	• 당신은 민감하게 반응하는 학생을 어떻게 계속 고무할 수 있는가? • 당신은 참여하기 꺼리는 학생에게 어떻게 동기부여할 수 있는가?
지적 위험을 감수할 의지	• 어느 학생이 자신감이 있고, 지적 위험을 감수할 의지가 있는가? 어느 학생이 그렇지 않은가?	• 당신은 위험을 감수하기 싫어하는 학생에게 어떻게 믿음과 격려를 조성할 수 있는가?
자기평가에서 정직과 열린 마음	• 어느 학생이 곤란을 겪을 때 문제가 발생했음을 알고 기꺼이 받아들이는가? • 어떤 학생이 문제를 인식하지 못하거나 받아들이기를 두려워하는가?	• 당신은 학생이 자기평가에서 정직하고, 개방적이고, 반성적이도록 격려하기 위해 어떻게 할 수 있는가?
새로운 임무나 과제에 직면했을 때의 행동	• 어느 학생이 새로운 임무에 임하고 싶어하는가? 어느 학생이 꺼리는가?	• 당신은 꺼리는 학생을 위해 어떻게 방법을 완화할 수 있는가?

다음은 관찰 평가가 왜 유용한지 알려 준다. 당신의 학생들 중 한 명이 유난히 말이 많고 큰 소리로 질문에 답하는 것을 좋아한다고 상상해 보라! 그는 배경지식이 많고, 구두로 제시되는 주제에 대해 잘 이해하는 것처럼 보이고, 그가 한 주장을 증명할 수 있다. 그러나 이 학생은 글쓰기 과제를 완성해야 할 때는 최소한의 양만 한다. 그의 손글씨는 거의 알아볼 수 없고, 그는 가장 단순한 단어만 사용하며 기본적인 철자 실수를 한다. 또한 그는 어떠한 읽기 과제든 집중하는 것을 어렵게 생각하며, 글에 대한 선택권이 주어지면 큰 글자로 인쇄되어 있고 그림이 많은 책이나 글을 선택한다. 또한 당신이 그에게 교실 앞쪽에 있는 무엇인가를 응시하라고 요청했을 때 그가 눈을 계속해서 문지른다는 것을 알아차린다. 이러한 관찰을 통해 당신은 이 학생이 아마도 시력상의 문제를 가졌다는 것을 깨닫게 될 것이다. 그에게 말한 후, 당신의 의심은 확고해진다. 당신은 그가 안경이 있지만 쓰는 것을 거북해한다는 것을 알았고, 부모님은 그가 안경을 가방에 방치한다는 것을 모른다. 이제 당신은 문제점을 알고, 그가 배우기 위해 이 상황을 다루도록 도울 수 있다.

일화 관찰에 대한 한 가지 더

일화적 정보를 효과적으로 얻기 위해 사용할 수 있는 원리나 기법에 대해 생각해 보라. 당신이 보고 듣는 것에 대해 마음에 새겨 두고 가능한 한 빠르게 반응하려고 하는 것만으로 충분한가? 만약 곧바로 해결하는 것이 불가능한 요구라면 당신은 아마 일화 저널에 알게 된 것을 쓰고 나중에 대응할 수 있기를 바랄지도 모른다. 모바일에는 학생을 수시로 재빨리 점검하고 관찰을 기록하기 위해 편리하게 쓸 수 있는 어플리케이션이 많이 있다.

추가로 사용할 공식적인 평가 유형을 결정하기

어떤 유형의 공식적 평가를 추가로 사용할지 결정할 때 생각해야 할 것이 많다. 당신은 평가가 학생이 얼마나 발전하고 있는지에 대해 가능한 한 많은 정보를 주기를 원한다. 최고의 평가는 학생의 장단점을 드러내는 것뿐만 아니라 어떠한 혼란이 왔을 때 그것을 정확히 지적해 주는 것이다.

당신은 또한 제시한 평가가 당신이 설정한 학습 목표와 일치되도록 해야 한다. 예컨대, 만약 당신이 학생이 문제해결 기능을 얼마나 잘 활용하는지 보기를 원한다면, 당신은 그들에게 해결할 문제를 제공해야 한다. 만약 당신이 학생이 숙고된 논지를 펼치기를 원한다면, 평가가 논쟁을 위한 장소가 되어야 한다. 당신은 학생이 설득하는 에세이나 편지 쓰기 혹은 설득적 연설을 하도록 할 수도 있다. 당신은 학생이 토론에서 찬반 문제의 양쪽 모두에서 논지를 펼치도록 하거나, 모의재판에 참여하도록 하거나, 광고를 만들고 수행하거나, 의견서를 쓰도록 할 수도 있다.

결국 당신은 성취의 기준을 결정해야 할 것이다. 특히 당신의 학생은 성공을 증명하기 위해 무엇을 해야만 하는가? 학생은 자신들이 무엇을 겨냥해야 하는지 알 필요가 있으므로, 당신은 학생을 평가하는 데에 사용할 기준을 학생이 매우 명백히 알도록 해야 한다. 학생은 자신에게 기대되는 것이 무엇인지, 무엇이 성공적인 수행이나 결과물을 구성하는지 알아야 한다. 교육에서는 어떠한 '낭패'도 없어야 한다. 목표는 당신과 학생이 장기적으로 달성하여야 하는 것과 그 목적을 충족하기 위한 다음 단계에 대해 가능한 한 명백한 상을 얻도록 하는 것이다.

형성평가

    학생에게 반드시 모든 과제나 모든 과제 원고에 문자 등급이나 숫자 등급을 줘야만 하는 것은 아니다. 그러나 학생은 적기의 피드백이 필요하다. 학생이 학업을 향상시키기 위해 할 수 있는 것에 대해 코멘트를 주는 것은 유용하다. 만약 당신의 학생이 실수로부터 배우기를 원한다면, 당신이 주는 피드백을 반드시 활용하도록 요구해야 한다. 학생이 잘 하는 것에 코멘트를 주는 것 또한 유용하다. 성공보다 더 성공을 불러오는 것은 없다.

총괄평가

    당신이 치르는 일부 평가는 총괄평가일 것이며, 이 평가들에 숫자나 문자 등급 시스템을 가장 활용해야 할 듯하다. 일반적으로 생활기록부에는 오직 문자 혹은 숫자 등급을 위한 공간만 있고, 대부분의 학교는 교사에게 문자나 숫자 등급을 쓴 성적표를 나눠 주도록 요구한다. 만약 그들이 성공을 구성하는 것이 무엇인지에 대한 명백한 기준을 가진다면, 수행평가에 대한 루브릭과 체크리스트는 문자나 숫자로 등급 매겨진 성적과 관련될 것이다. 우리는 이 문제에 대해 다음 장에서 더 깊이 검토하겠다.

결론

보는 바와 같이 학생이 무엇을 이해했는지, 무엇을 이해할 수 없어 당혹스러워 하는지, 얼마나 잘 수업 목표에 도달했는지에 대한 정보를 수집하는 방법은 매우 다양하다. 평가에 대한 균형 잡힌 다양한 접근은 당신의 학생에 대한 가장 분명한 그림을 제공할 것이고, 그들의 발전을 정확하고 효율적으로 감독할 수 있도록 도울 것이다.

탐구문제

1. 당신은 학생이 학습할 준비가 되었는지 어떻게 알 수 있으며, 수업을 보다 효과적으로 만들기 위해 이 정보를 어떻게 사용할 수 있는가?

2. 당신의 교수 관행에 대해 생각해 보라. 학생에게 도움을 주어 당신을 더욱 효과적인 교사로 만드는 몇 가지 방법에 대해 설명하라.

3. 당신은 평가가 학생의 장점과 약점을 드러낼 뿐만 아니라 학생이 혼란스러워 하는 부분을 당신이 집어내는 것을 돕도록 하기 위해 그것을 어떻게 설계할 수 있는가? 당신은 재교수를 다루기 위한 시간을 어떻게 구축할 수 있는가?

4. 당신이 평가를 구체적 교수 목표와 일치시킬 수 있는 방법 세 가지는 무엇인가?

제6장

올바른 평가의 선택과 사용

"자료는 직관과 가설을 어떤 변화가 필요한지를 고려하는 사실로 바꾸는 데에 도움
이 될 수 있다."

— Victoria Bernhardt, 2004

영속적 이해를 위한 학습단원을 개발할 때, 당신은 아마도 학생을 위해 전통적인 평가와 참평가를 혼합할 것이다. 당신은 또한 학생이 말하고 행동하는 것을 단지 보고 듣는 것으로부터 많은 일화적 자료를 모을 것이다. 그들의 학습을 어떻게 구성할 것인가에 관해 결정할 때, 만약 당신이 영속적 이해를 가르친다면 학생 활동은 구성주의에 근간을 두어야 함을 명심하라. 다시 말해, 학생은 능동적 역할을 맡아야 하고 그들이 하고 있는 탐구를 통해 의미를 구성해야 한다. 학생은 학습단원의 본질적 질문을 탐구해야 하고, 포함된 핵심 개념과 원리에 대한 결론에 이르러야 할 것이다. 이렇게 하려면 실제적인 과제를 수행해야 한다. 학생은 학습을 실제 세계의 상황에 전이할 수 있음을 증명해야만 한다. "평가가 실제적이고, 진행 중 실시되고, 교실 수업과 통합된다면, 그것이 아주 다양한 형태를 취한다는 것을 쉽게 알 수 있다."(Stiggins & Valencia, 1997)

평가 체크리스트

당신이 선택한 평가가 당신의 수업을 추진하는 데 도움을 줄 수 있는 정확하고 유용한 자료를 제공하도록 하기 위해서 〈표 6-1〉의 체크리스트를 쓰는 것이 유용할 것이다.

표 6-1 평가 체크리스트

☐	평가가 이 학습단원의 최종 목적으로 이어진다.
☐	나는 이 단원에서의 다양한 요점에 대한 뚜렷한 학습 목표를 가지고 있다. 나는 학생들의 발전에 대한 분명하고 합리적인 벤치마크들을 중간중간에 설정하였다.
☐	평가가 학생의 발전을 보여 준다. 나는 학생에게 그들이 분명하고 정확하고 논리적이고 근거가 있으며 완전한 방식으로 수행할 수 있는 것을 설명하거나 보여 주기를 요구한다.
☐	평가는 내가 학생의 혼란과 어려움을 정확히 찾아내도록 돕는다.

☐	나는 평가 유형이 각 학생의 목적에 적절하도록 일치시켰다. (평가가 추구하는 목표를 향해 가는 학생의 발전을 가장 잘 증명하도록 쓰기, 문제해결, 실험, 토론, 구술발표의 형태를 포함하고 있다.)
☐	학생은 그들의 작품 모두를 평가하는 데에 쓰일 기준을 이해하고 있다.
☐	나는 내용, 구성, 언어의 사용, 문학의 전통을 포괄하는 글짓기에 대한 기준을 세웠다.
☐	나는 학생이 목표와 관련해 창조적이고 구성주의적인 사고를 증명하도록 하는 프로젝트 활동에 대한 기준을 세웠다.
☐	나는 학생이 먼저 문제를 이해하려고 한 다음 그것을 해결하기 위해 효율적이고 정확한 기술을 사용하도록 하는 문제해결에 대한 기준을 세웠다.
☐	나는 내용, 조직, 전달을 포괄하는 프리젠테이션에 대한 기준을 세웠다.
☐	나는 학생에게 배운 것을 새로운 상황에 전이할 수 있음을 보여 주도록 요구하는 이해의 증명에 대한 기준을 세웠다.
☐	나는 학생이 스스로 발전을 정확하게 평가할 수 있고, 필요할 때 도움을 요청할 수 있다는 것을 증명하도록 한다.
☐	나는 학생에게 분명하고 구체적인 피드백을 제공한다.
☐	나는 학생에게 사고를 깊어지게 하고 수행을 개선하는 데 골몰하도록 하는 피드백을 사용할 기회를 제공한다.
☐	나는 학생을 평가함으로써 알게 된 정보를 수업을 안내하는 데에 사용한다.

생태학 단원을 위한 평가를 선택하기

이제 생태학 단원의 학습 목표 각각을 다시 살펴볼 것이다. '학습목표'란 학생이 단원의 학습으로 얻게 될 이해 수단으로서의 특정한 지식과 기능들을 일컫는다는 것을 기억하라. 우리의 목표는 평가가 반드시 실제적이고 각각의 학습 목표의 의도에 잘 부합하도록 하는 것이다. 어떤 기준이 학생의 다양한 장점과 요구들을 정확히 집어내는 것을 도울지 신중히 판단해야 한다. 우리는 평가가 가능한 한 많은 유용한 정보를 산출해 내어서 학생의 성취를 돕기를 원한다. 이것은 백워드 설계의 2단계를 나타낸다.

〈표 6-2〉는 학생이 생태학 단원의 각 학습 목표를 얼마나 잘 이루고 있는지를 증명하는 데 사용될 수 있는 몇 가지 평가의 개요를 보여 준다. 그것은 또한 이들 각각의 평가에 대한 학생의 성공 정도를 판단하는 데 쓰일 수도 있는 몇 가지 매우 일반적인 기준을 설명한다. 우리는 이 장의 후반부에서 더 구체적인 기준을 살펴볼 것이다.

생태학 단원 평가에는 전통적인 평가와 참평가가 섞여 있음에 주목하라. 일부 평가는 학생에게 쓰기를 요구하는 반면 다른 몇몇은 수행기반 평가다. 모든 평가는 학생이 의미를 구성하도록 요구하고, 이 모두는 단원 목표로 이어진다. 학생은 자신의 이해를 어떻게 증명하고 싶은지에 관해 선택권을 가지며, 반드시 모든 평가를 완료할 필요는 없다. 성공에 대한 기준은 학생이 얼마나 정확하고 철저하게 평가 목표를 충족시키는가에 근거를 둔다.

표 6-2 2단계: 평가 증거 결정하기

학습 목표 - 가능하게 하는 지식(학생들이 알게 될 것)	
어떤 재생 가능한 천연자원들이 에너지로 사용될 수 있는가? 이 자원들이 어떻게 활용될 수 있는가?	
평가 : 생물권을 고안하고 만들기	**성공을 결정하는 기준**
학생은 공생 관계에서 살아남을 수 있는 동식물 종과 그들이 필요로 하는 미네랄 영양소를 포함하는 생물권의 조건에 대해 조사할 것이다. 학생은 조류(藻類)와 같은 작은 식물과 갑각류와 같은 아주 작은 동물, 물, 공기층을 사용하여 밀봉된 유리병에 생물권을 만들고 그것이 어떻게 진행되는지 기록할 것이다. (아니면 학생은 기획된 생물권에 대한 그림을 그리고 설명을 작성한다.) 다음 형식 중 하나로 계획표를 제출하라. 　• 보고서 또는 프로젝트 　• 도표 또는 표 　• 게임	• 생물권의 지속 가능성(실제의 것을 구성했을 경우); 또는 생물권의 타당성(모형을 그렸을 경우) • 모든 요소에 대한 설명의 정확성과 완성도 • 수장에 대한 입승 또는 승명

- 멀티미디어 프레젠테이션
- 설명 또는 토의
- 토론

학습 목표 - 가능하게 하는 기능(학생들이 할 수 있게 될 것)	
식물과 동물들이 서로에게 삶을 유지시키는 물질을 어떻게 제공하는지 보이라.	
평가 : 생물권을 고안하고 만들기	**성공을 결정하는 기준**
• 지역관계자 인터뷰 • 인과관계 도표 만들기	• 인터뷰의 정확성 • 과제의 완성도 • 지역사회 문제와의 논리적 연관성 • 해결 방안의 실행 가능성 • 성과

단원을 가르치고 나서

일단 성공을 위한 기준을 결정하면, 기능, 개념을 놓치거나 제재를 완전히 익히지 못한 학생을 위한 재교수나 조정 방법을 다루는 것에 대한 열을 표에 추가할 수도 있다. 그렇게 평가 결과에 따라 당신은 수업을 차별화하여 학생의 요구를 충족시킬 수 있다. 수업을 표적화하는 것에 대한 보다 많은 정보는 8장에서 확인할 수 있다.

자신만의 체크리스트와 루브릭 설계하기

당신은 체크리스트와 루브릭 또는 둘 중 하나를 설계하여 학생의 수행과 결과물을 평가하기를 원할지도 모른다. 둘 중 하나를 만들기 위해 성공과 성취를 구성하는 기준을 설정해야 할 필요가 있다. 학생은 자신이 어떻게 평가될 것인지 정확히 알아야 하고, 사용될 도구에 대한 설명과 표본을 제공받아야 한다. 사실, 당신은 학생에게 루브릭을 함께 구성할 것을 요청할 수도 있다. 여기에는 두 가지 확실한 이점이 있다. 먼저, 학생은 성공적인 수행이나 결과물이 포함하고 있을 것들을 결정하는 데에 참여하면서 분석적 활동을 해야만 한다. 또한 그들이 루브릭을 함께 구성한다면, 그들은 그 과정에 속하게 된다. 학생이 체크리스트를 구성하는 것을 돕든 그렇지 않든, 평가하기 전에 그들은 그것의 표본을 제공받아 스스로 자신의 작품을 평가할 수 있어야 한다.

체크리스트 설계하기

당신은 체크리스트를 설계하기 위해, 성공적인 결과물과 수행을 위해 학생이 초점을 맞춰야 할 기준을 간단히 열거한다. 활동 평가자는 단지 충족되는 기준에 체크해 나간다.

〈표 6-3〉은 아이디어와 관습, 문법, 단어의 사용을 아우르는 이야기 쓰기에 대한 체크리스트의 예를 보여 준다.

표 6-3 이야기 쓰기에 대한 체크리스트

이야기 내용과 아이디어
☐ 도입부는 흥미롭고 독자들이 더 읽고 싶게 만든다.
☐ 이야기에 줄거리를 위한 중요한 설정이 있다.
☐ 이야기는 등장인물들이 어떻게 생겼는지, 그들이 어떻게 느끼는지 묘사한다.
☐ 이야기 도입부에서 문제를 예고한다.
☐ 이야기 중간 부분에서 문제를 묘사한다.
☐ 이야기 끝 부분에서 문제의 해결책을 묘사한다.

스타일
☐ 문장 종류가 다양하다(서술, 질문 등).
☐ 문장이 그 전 것에 기반을 두고 차례로 확장된다.
☐ 각 단락에 중심 내용이 있다.

자문 관습, 문법, 문장부호
☐ 손글씨가 읽기 쉽다.
☐ 문장이 완성되어 있다.
☐ 구두점이 옳게 사용되었다.
☐ 문장의 첫 번째 단어, 인용문 및 모든 고유명사의 첫 글자가 대문자로 표기되었다.

단어 사용
☐ 단어가 다채롭게 사용되었다.
☐ 공통되는 단어에 대한 동의어가 사용되었다.
☐ 표준 철자가 사용되었다.

루브릭 설계하기

루브릭이나 평가척도에는 두 가지 유형이 있다. 총체적 루브릭과 분석적 루브릭이다. 이 두 가지 각각에 대해 검토할 것이다.

총체적 루브릭

총체적 루브릭으로는 전형적으로 학생의 수행이나 결과물을 전체적으로 평가한다. 총체적 루브릭은 한 분야의 결점은 중요하지 않고 수행이나 결과물의 확실한 완성도를 강조할 때 가장 유용하다(Chase, 1999). 그것들은 일반적으로 확실한 정답이 없는 창의적인 과제에 사용된다(Nikitina, 2001). 한 학생의 점수는 그 학생이 과제의 주요 요구 사항에 얼마나 잘 부합하는지를 반영할 것이다. 전체적 루브릭은 분석적 평가보다 개발 및 점수 매기기가 빠르고 쉽지만 많은 정보를 산출하지 못한다. 그래서 이 방법은 형성평가보다 총괄평가에 더 자주 사용된다.

총체적 평가척도에 대한 템플릿 예시는 다음과 같다.

표 6-4 총체적 평가척도에 대한 템플릿 예시

점수	과제 요구 사항에 대한 설명
5	문제에 대한 완전한 이해를 증명한다. 모든 과제 요구 사항을 충족시키거나 초월한다.
4	문제에 대한 괜찮거나 상당히 훌륭한 이해를 증명한다. 모든 과제 요구 사항을 감안한다.

3	문제에 대한 부분적 혹은 약간의 이해를 증명한다. 대부분의 과제 요구 사항을 감안한다.
2	문제에 대한 아주 약간의 이해를 증명한다. 과제 요구 사항 일부가 누락되거나 오류가 있다.
1	문제를 해결하려 하지만 이해하지 못함을 보여 준다.
0	응답하지 않거나 참여하지 않는다.

분석적 루브릭

분석적 루브릭에는 특정 과제 또는 평가에서 학생의 성공을 평가하기 위해 사용되는 모든 기준이 상세히 서술된다. 서술적 용어는 각각의 기준에 대한 평가 체계를 설명한다. 예컨대, 서로 다른 서술적 용어들은 초보 수준, 발전 수준, 완성 수준, 모범 수준으로 수행한다는 것이 무엇인지 설명한다.

〈표 6-5〉의 분석적 루브릭은 학생들이 지역사회의 생태학적 문제와 지역사회 구성원들이 그 문제를 해결할 방법에 대해 쓴 글의 점수를 매기는 데에 사용된다. 기준은 『6+1 쓰기 속성(6+1 Traits of Writing)』(Culham, 2003)을 기반으로 한다. 서술적 용어는 각 점수가 의미하는 바를 설명한다.

이 유형의 루브릭을 설계할 때는 기준들 사이의 차이가 가능한 한 동일하도록 기술어들을 작성하는 것이 중요하다. 보통 교사들은 루브릭의 각 부분마다 개별적으로 점수를 매기고 그다음 점수들을 더하여 전체 점수를 구한다. 교사가 특정한 성적을 달성하는 데 전체 점수가 필수적이라고 여긴다면 이들 점수를 문자 등급으로 옮겨 쓸 수도 있다.

분석적 루브릭은 총체적 루브릭보다 구성하고 점수를 매기는 데 시간이 많이 걸리지만, 더 많은 정보를 산출한다. "분석적 루브릭을 통해 특정 학생의 강점과 약점에 대한 '프로필'을 만들 수 있다."(Mertler, 2001) 이 때문에 분석적 루브릭은 형성평가를 구성하는 데 유용하다. 그리고 당신은 수업을 향상시키는 데에 이 정보를 사용할 수 있다.

다음에서 분석 루브릭의 예시를 살펴볼 것이다. 이것이 각 학생의 글에 대해 줄 수 있는 정보에 대해 생각해 보라. 어떻게 당신은 이 정보를 사용하여 학생에게 피드백을 제공하고 그들의 요구에 맞춰 수업을 향상시킬 수 있는가?

표 6-5 분석적 루브릭 예시

	(초보 수준) 1	(발전적 수준) 2	(완성된 수준) 3	(모범적 수준) 4	점수
아이디어	대부분의 아이디어가 뚜렷하지 않거나 정확하지 않거나 명확하지 않거나 미완성됨. 아이디어를 증명하거나 입증하려는 시도가 없음.	일부 아이디어가 뚜렷하지 않거나 정확하지 않거나 명확하지 않거나 미완성됨. 아이디어를 증명하거나 입증하려는 시도가 몇 가지 있지만 많은 세부 사항이 정확하지 않거나 관련 없거나 미완성됨.	대부분의 아이디어가 뚜렷하고 정확하고 명백하며 완성됨. 대부분의 아이디어에 대한 기본적인 증명이 제시됨. 대부분의 입증 세부 사항이 적절하고 정확하며 완성됨.	모든 아이디어가 뚜렷하고 정확하고 명백하며 완성됨. 모든 아이디어가 입증됨. 모든 세부 사항이 적절하고 정확하며 완성됨.	
체계성	체계적이지 못함. 작품이 논리적 순서에 맞지 않음.	체계성이 결여되어 있고 때때로 이해하기 어려움. 많은 문장이 주요 내용과 연결되지 못함. 결론이 빠졌거나 정확하지 않음.	논리적인 처음, 중간, 끝을 만족스럽게 갖춘 구성이며 이해하기 쉬움. 대부분의 문장이 주요 내용과 연결됨. 작품이 정확한 결론을 지님.	최적의 구성. 처음 부분에서 독자를 사로잡음. 이해하기 쉬우며 모든 문장이 주요 내용과 연관됨. 작품이 튼튼하고 논리적인 결론을 지님.	
표현	작품에 표현이 결여되어 있으며 독자의 주목을 끌지 못함.	처음 부분에서 표현을 꾀함. 작품이 학생으로서의 열의를 다소 드러내	주제에 관한 약간의 열의를 전달함. 글에 개인적 재능을 실으려는 시도가 보임.	주제에 관한 굉장한 열의를 전달함. 글에 개인적 재능이 보임.	

			지만 개인적 재능이 결여됨.	독자가 어떠한 감정을 떠올리게 하며 더 듣고 싶도록 만듦.	독자에게 강렬한 감정을 환기시키며 독자가 더 듣기를 몹시 원하게 함.	
문장 흐름		작품을 읽고 이해하기 불가능함. 많은 문장이 같은 형태로 시작함. 일부 문장이 끊기고 일부 문장이 반복됨.	작품을 읽고 이해하는 데에 약간의 어려움이 있음. 문장 유형과 길이를 다양하게 하려는 초기 시도가 보임.	작품이 읽기 쉬우며 약간의 흐름을 갖춤. 많은 문장의 길이와 종류가 다양함. 작품이 꽤 매끄럽게 읽힘.	자연스러운 흐름으로 인해 작품을 읽고 이해하기 쉬움. 문장의 종류와 길이가 모두 다름. 작품이 순조롭고 아주 매끄럽게 읽힘.	
단어 선택		독자를 끌어들일 만한 단어를 선택하고자 하는 시도가 없음.	약간의 강렬한 동사와 화려한 어구 및 몇몇 정확한 언어를 사용하려는 초기 시도가 보이나, 흔한 단어가 자주 반복 사용됨. 작품이 주로 단어 선택 때문에 독자를 사로잡지 못함.	몇몇 강렬한 동사와 화려한 어구 및 약간의 정확한 언어가 구사됨. 흔한 단어의 반복을 피하려는 몇몇 시도가 보임. 일부 단어가 독자의 관심을 사로잡음.	강렬한 동사와 화려한 어구, 정확한 언어가 많이 구사됨. 흔한 단어와 어구를 반복하지 않고 흥미로운 단어를 다양하게 사용하는 데 성공적임. 단어들이 명백히 고심하여 선택되었고, 그것이 독자의 관심과 흥미를 끊임없이 사로잡음.	
관습		작품에 표준 영어 관습이 거의 사용되지 않음.	구두점, 대문자화, 철자, 문법 등 몇몇 표준 관습을 사용하려는 시도가 보이나 중요한 오류가 의미를 방해함.	문장부호 대문자화, 철자, 문법 등 대부분의 표준 관습에 따라 올바르게 사용됨. 약간의 실수가 의미를 방해하지 않음.	구두점, 대문자화, 철자, 문법을 포함하여 모든 표준 관습이 올바르게 사용됨.	

동료 피드백과 학생 자기반성

교사나 다른 어른들만이 학생에게 건설적인 피드백을 줄 수 있는 것은 아니다. 사실 학생에게는 배우고 있는 것에 대해 토론하고 서로 피드백을 주고받는 것이 매우 중요하다. 또한 학생은 자기반성적일 필요가 있고, 스스로의 학업에 책임을 져야 한다. 이들 두 가지 사안에 대해 각각 살펴볼 것이다.

동료 피드백

전통적인 교실에서 학생의 관객은 일반적으로 교사다. 성실한 교사라면 학생의 작품을 세부적으로 검토하고, 개선 및 수정을 위해 구체적 코멘트를 달고, 성적을 줄 것이다. 대부분의 학생은 성적에 주목하고 교사가 제공하는 코멘트는 무심히 넘긴다. 만약 수정 또는 교정이 높은 성적으로 이어진다면, 학생은 제안받은 것을 정정하여 교사를 만족시키려고 노력할 수도 있다. 그러나 학생이 이를 수행하기 위해 얼마나 많은 생각을 해야 하는가? 의견은 마무리된 형태로 학생에게 제공되어 왔다. 학생은 교사의 코멘트를 보고 그들의 성적을 향상시키기 위해 정확히 무엇을 해야 하는지 알아낼 뿐 어떻게 개선할지에 대한 개인적인 의견은 전혀 없다.

이 모형에서 교사는 온갖 종류의 모든 생각을 했고, 그 결과 학생은 교사가 모든 것을 해 주기 때문에 향상될 가능성이 거의 없는 것 같다. 교사는 분명히 그 모든 세심한 코멘트로 도움이 되려고 노력했다. 그러나 실상 교사는 학생에게 단지 사고를 회피할 손쉬운 지름길을 제공했다. 이는 우리의 목적이 아니다. 우리는 학생이 자신의 작품에 대해 주인의식을 가지기를 원한다. 우리는 학생이 최종 결과에 관심을 가지고 자신의 작품을 수정하기를 원한다. 이것을 이루기 위해서는 학생이 교사만을 위한 활동을 하는 것보다 더 많은 것이 소요된다.

　학습 공동체에서 학생은 서로로부터 많은 것을 배울 수 있다. 사실 교사만이 건설적인 피드백을 제공하는 유일한 사람이 아니라면 더 많은 배움이 일어날 수 있다. 학생은 피드백을 주는 것과 받는 것 모두로부터 학습한다. 동료가 자신의 작품에 어떻게 반응하는지 경험하는 것이 학생이 개선되는 가장 좋은 방법 중 하나다.

　진실한 피드백이 핵심이며, 그것은 당사자의 신뢰와 정직하고 세련되게 생각을 전달하려는 동료 검토자의 의지를 모두 필요로 한다. 'To respond'는 프랑스 단어 respondere에서 왔으며 이는 돌려보낼 것을 약속한다는 의미다. 그러므로 반응은 거의 학생과 그들 응답자 사이의 계약상 협정을 의미해야 한다. 피드백은 글쓰기 과정에 초점을 둘 수도 있고 텍스트 자체에 초점을 둘 수도 있다. 응답자들은 아이디어를 명확하게 하는 것을 도울 수 있다. 그러나 결국 그것은 작품을 만든 사람의 몫이며, 그만이 피드백을 어떻게 사용할지 결정할 수 있다.

　믿을 만하고 효과적인 동료 피드백을 만들기 위해, 학급에 체계적 과정이 준비되어야 한다. 이는 까다로울 수 있다. 교사는 학생이 의미 있고 진솔한 피드백을 제공하고 안전하고 위협적이지 않은 방식으로 피드백을 제공받을 수 있는 수단과 공간을 가질 수 있도록 과정을 구조화해야 한다. 흥미롭게도 많은 학생이 피드백을 받는 것보다 주는 것을 더 불편하게 느낄 수도 있다. 그들은 친구들에 대해 비판적인 것으로 보이지 않고 싶을 수 있다. 그러므로 학생은 건설적인 피드백을 주는 과정과 받는 과정 모두에 대해 배워야 한다. 이를 위한 한 가지 방안은 학생들이 피드백 그룹 속에서 만나도록 하는 것이다.

　〈표 6-6〉의 피드백 그룹을 구조화하는 예시는 리즈 러먼(Liz Lerman)의 8단의 『비판적 응답 형식(*Critical Response Format*)』(2003), Peter Elbow의 『교사의 도움 없이 글쓰기(*Writing Without Teachers*)』(1998), Sondra Perl의 『글쓰기 과정에 대한 주요 에세이(*Landmark Essays on Writing Process*)』(1995)의 조합을 근거

로 한 네 단계를 거친다. 이 단계에는 지지와 관찰, 응답자에게 질문하기, 학생에게 질문하기, 비평과 의견이 포함된다.

시작하기 전에 학생에게 구조화된 피드백이 처음에는 조금 인위적으로 보일 수도 있음을 말하라. 그러나 그들이 그것을 마치 게임인 것처럼 한다면(그것을 엄격한 구조로 보는 것보다), 곧 그것이 얼마나 효과적일 수 있는지 알게 될 것이다. 또한 이 형식이 한동안 쓰인 뒤 학생이 편안해지고 과정을 비평할 만해지면, 학급과 함께 그것을 다시 살펴보고 그들의 요구에 최고로 부합하도록 수정할 수 있다.

동료 피드백을 위한 과정은 (모든 새로운 과정이 그렇듯이) 먼저 학급 전체에 시범을 보여야 한다. 교사는 건설적 피드백에 포함된 단계들을 설명해야 하고 그것을 받는 학생처럼 실연해야 한다. 학급은 그 과정을 따르고 교사에게 피드백을 제공한다. 일단 교사가 그룹 피드백 구조를 시범 보이고 학생이 그 과정을 이해하고 나면, 교사는 피드백 그룹을 만들어야 한다. 피드백 그룹은 3~6명일 때가 가장

표 6-6 동료 검토와 피드백 단계

1단계: 지지와 관찰
☐　작품과 필요한 배경 정보 발표
☐　응답자들의 긍정적 논평 제공
☐　응답자들의 들은 내용 다시 말하기

2단계: 응답자에게 질문하기
☐　구체적인 피드백 요청

3단계: 응답자가 학생에게 질문하기
☐　명확한 질문하기
☐　건설적인 비판 제공
☐　반성적 진술 제공

4단계: 비평과 의견
☐　학생의 제안 의견 요청
☐　응답자들의 제안 의견 제공

좋으며, 학생이 서로를 신뢰하는 관계를 형성할 시간을 갖도록 같은 그룹을 함께 유지하는 것이 유용하다. 그룹이 만들어지면, 교사는 순회하고 다양한 그룹에 방문하여 그 과정들이 매끄럽고 효과적으로 돌아가도록 도와야 한다.

동료 검토의 목적은 가능한 한 많은 학생을 도와서 학생이 교대로 전체 과정을 살펴보도록 하는 것이다. 그룹 내 모든 학생이 그들이 분석하고 있는 텍스트의 복사본을 가지고 기록할 수 있도록 하는 것이 유용하다.

학생의 자기반성

학생이 자신의 작품에 대해 책임감을 갖도록 하는 또 다른 방법은 자기반성을 조성하는 것이다. 솔직한 자기반성이 일어나려면 학생은 신뢰감을 느껴야 한다. 학생은 혼란을 드러내거나 무엇인가를 이해하는 데에 문제가 있음을 시인할 때 비웃음을 사지 않고 도움을 얻을 것이라는 안정감을 느껴야만 한다. Tileston(2004)에 따르면 학생의 뇌는 위협을 받았을 때 초점을 바꾼다. 한 사람이 위협을 느낄 때, 뇌간은 실제로 행동을 떠맡아 지휘한다. "위협이 인지되면 과도한 코르티솔(호르몬의 일종)이 방출되어 고등 사고력은 우리가 생존하도록 도울 수 있는 자동적 기능에 밀려나 부차적으로 작용하게 된다." 자기반성 면에서도 학생들이 자신의 아이디어가 '웃음거리가 되거나 거절당할 것'이라고 생각한다면 잠재력을 보는 법을 배울 수 없다. 그들은 "동료들 앞에서 곤경에 처하는 것"을 두려워하거나, 무력감 또는 고립감을 느끼거나, 과제를 실행할 "적절한 도구나 시간, 자원"을 가지지 못한다(Tileston, 2004). 교사는 학생에게 그들 모두가 학습 공동체의 일원이며 그들이 할 일은 서로를 돕는 것이라는 명확한 메시지를 전달해야 한다. 그것은 완벽함을 보여 주는 것이 아니라 사고와 이해 모두를 깊게 하는 데에 무엇이 혼란을 주고, 어렵고, 골치 아픈지 충분히 검토하는 것이다.

당신은 학생에게 반성 일지를 쓰게 하거나 그들이 무엇을 하고 있는지, 얼마나 생산적으로 혹은 효과적으로 학습하고 있는지, 어떤 문제나 혼란을 겪고 있는지, 왜 이런 문제들을 겪고 있는지, 보다 효과적으로 활동할 수 있는 방법이 무엇이라고 생각하는지를 개인별 혹은 모둠별 평가지에 상세하게 적어 내도록 할 수도 있다. 당신은 학생 개개인과 만나 그들의 자기반성에 대해 상의하고 개선을 위한 제안을 할 수도 있다. 당신은 또한 학생이 서로의 문제를 돕거나 반성, 아이디어, 문제해결 전략을 학급과 공유하도록 할 수도 있다. 당신이 학생에게 우리 모두가 서로를 돕기 위해 노력하고 하고 있다는 메시지를 계속해서 주는 것이 필수적이다. 건실한 메시지는 실수가 단지 새롭고 더 나은 방향을 찾도록 하는 도전을 제기한다는 것이다.

결론

평가의 기본적 목적은 효과적으로 학생의 요구에 부합하도록 수업의 초점을 맞추는 것이다. 이를 위해 우리는 학생이 알기를 원하는 것을 실제로 테스트하고 그것들을 평가하기 위해 우리가 사용하는 기준이 우리가 어떻게 해야 학생을 가장 잘 도와줄 수 있는지에 대한 분명한 정보를 창출하는 것임을 확신시켜 주어야 한다. 학생들은 그들의 사고와 과제의 질을 향상시키기 위해 시기적절하며 구체적인 피드백을 필요로 한다. 학생이 건설적인 피드백을 주는 방법을 배운다면 그들은 또한 서로에게 가치 있는 피드백을 줄 수 있다.

탐구문제

1. 평가 체크리스트가 당신이 학생의 수행을 평가하는 것을 어떻게 도울 수 있는 가? 특정한 목표에 대한 학생의 성취에 대해 당신이 필요로 하는 정보를 제공할 때 사용할 수 있는 구체적인 평가는 무엇인가?

2. 체크리스트와 루브릭은 다소 다르게 사용된다. 당신은 학생의 수행을 평가할 때에 어떻게 체크리스트 혹은 채점 루브릭을 효과적으로 사용할 수 있는가? 만약 필요하다면 이들 등급을 어떻게 변환할 수 있는가?

3. 학생이 정기적이고 효과적인 동료 피드백을 주고받도록 하기 위해 당신은 어떤 시스템을 실시할 수 있는가? 학생이 자기반성적이고 진솔하게 자신의 활동을 평가할 수 있도록 하기 위해 무엇을 실시할 수 있는가?

제7장

효과적이고 매력적인
수업계획안 개발

나는 듣는다. 그리고 잊어버린다.
나는 본다. 그리고 기억한다.
나는 행한다. 그제야 이해한다.

- 중국 속담

일단 당신이 추구하고 있는 목적을 알고 학생이 얼마나 잘 하고 있는지에 대해 가장 명확한 정보를 줄 평가 유형을 결정했다면, 일상 수업과 활동을 계획할 순서다. 당신은 계획을 하는 동안 항상 최종 목적을 염두에 두어야만 함을 기억하라.

이 장에서 우리는 다음과 같은 것을 검토한다.
- 정보를 제공하는 목표에 도달하는 것과 연관된 단계
- 절차적 목표에 도달하는 것과 연관된 단계
- 일상 수업 계획을 효과적이고 매력적으로 만드는 구체적인 방법
- 당신이 자신만의 일상 수업을 준비할 때 생각해야 할 것들에 대한 체크리스트
- 주저하는 학습자가 열심히 하는 학습자가 되도록 돕는 방법

우선순위 정하기

학습단원을 위해 갖는 시간을 가장 잘 활용하기 위해 전체 단원에 대한 대강의 계획을 세워 달력에 표시하는 것부터 시작하라. 이것에는 당신이 주제를 소개하고 학생이 탐구할 본질적 질문을 설명하는 것에 들 대략의 시간이 포함될 것이다. 또 학생이 다양한 학습 목표에 도달하는 데 필요할 대략적 시간도 포함될 것이다. 이 달력은 최종적 활동으로 끝날 것이다. 생태학 단원에 대한 단원 개관의 다양한 예시(부록 D, 189쪽)를 지침으로 사용할 수도 있다.

단원에 대한 대강의 계획을 세울 때 명심해야 할 것들이 몇 가지 있다. 당신은 가르치는 개념들이 궁극적으로는 당신이 추구하는 결과로 이어지도록 일관된 방식으로 가르쳐야 한다. 먼저 학생이 학습하고 싶어 하는 것의 우선순위를 매기라. 제시되는 개념들이 서로 연관되어야 함을 기억하라. 그렇다면 당신은 가르치기

에 가장 논리적인 순서를 고려해야 한다. 학생이 탐구할 주제에 숨어 있는 어려움에 대해 생각하라. 어떤 것이 학생이 이해하기 쉬울 것 같고 어떤 것이 어려울 것 같은가? 그리고 나서 가르치고 있는 특정 학생에 대해 생각하라. 학생은 주제에 대해 어떤 배경 정보를 가지고 있을 것이고, 어떤 기능을 이미 갖추었을 것이며, 어떤 부분에서 힘겨워하는가? 마지막으로, 다양한 단원 목표를 충족시키는 데 걸릴 시간을 가장 정확하게 어림하라. 당신은 분명 이 과정에서 변화를 만들어야 할 것이다. 당신은 평가 결과에 근거하여 수업을 개선시킬 수 있도록 융통성을 가질 필요가 있다. 그러나 단원의 개관을 추정하는 것은 일상적 활동을 구조화하는 데에 유용하다.

일단 당신이 마음속으로 시간을 추정했다면 특정 학습 목표를 중심으로 매일의 수업과 활동들을 신중하게 계획해야 할 것이다. 매일의 수업을 통해 각 목표들을 어떻게 가장 효과적으로 다룰 것인가? 학생이 능동적으로 참여하도록 수업을 어떻게 구조화할 것인가? 어떤 종류의 활동들이 그것으로부터 학생이 의미를 구성하도록 도울 것인가? 학생이 주요 아이디어를 이해하고 그 아이디어들을 위주로 배우고 있는 사실들을 조직하도록 어떻게 도울 수 있는가? 그리고 궁극적 목표는 학생이 배운 것을 교실 너머에서 사용할 수 있도록 가르치는 것이기 때문에, 학생에게 더 넓은 맥락에서 배운 것을 적용하는 연습을 제공하는 활동들이 포함되어야 함을 기억하라.

정보 제공형 목표 대 절차적 목표

이제부터 학생이 지식 학습 목표와 절차적 학습 목표를 충족시키는 것을 돕도록 설계된 수업 유형에 대해 살펴볼 것이다. Donnal Tileston은 그녀의 책 『수업 계획에 대해 모든 교사가 알아야 할 것(*What Every Teacher Should Know about Instructional Planning*)』(2004)에서 학생들이 선언적 목표(declarative objectives)로서 알아야 할 지식이나 중요 정보(사실, 날짜, 이름, 사건, 단계, 공식, 어휘)에 대해 언급한다. (이는 우리가 지식 학습 목표로 불렀던 것이다.) Tileston은 학생이 다양한 작업을 수행하기 위해 사용할 수 있어야 하는 전략과 단계에 대해 **절차적 목표** (procedural objectives)라는 용어를 쓴다. (이는 우리가 절차적 학습 목표라고 언급했던 것이다.) Tileston은 학생이 기초적 사실을 가지고 무언가를 할 수 있기 전에 기초적 사실을 이해할 필요가 있기 때문에, 학생이 절차적 정보를 배우기 전에 선언적 정보를 배울 필요가 있다고 설명한다. 예컨대, 생태학 단원에서 학생은 독자적으로 생존 가능한 생물권을 만들 수 있기 전에 동식물이 살아가기 위해 필요로 하는 조건 및 요소들과 그들이 서로에게 제공할 수 있는 생존 유지 물질들이 무엇인지 알 필요가 있을 것이다.

그러나 학생이 구체적 절차를 수행하기 위해 중요하고 정확한 정보를 알아야 한다는 것이 교사가 두 가지 별개의 부분으로 단원을 나누어야 함을 의미하는 것은 아니다. 학생이 단원과 관련된 모든 정보를 먼저 배우고 그러고 나서 그 정보를 적용하는 것을 포함하는 모든 절차를 배워야 하는 것은 아니다. 중요한 것은 학생이 특정한 절차가 발생할 때 그것을 이해하고 수행하는 데에 필요한 정보와 개념들을 아는 것이다. 이를 분명히 볼 수 있도록 생태학 단원 예시를 다시 살펴보자.

학생이 독자적으로 생존 가능한 생물권을 만들라는 요청을 받았다고 생각해 보자. 이것을 만들기 위해 그들은 어떤 종의 동식물이 그 생물권에서 살 수 있는지, 그 생물권에서 유기체들 간의 공생 관계는 어떠한지, 그 유기체들이 필요로 하는 서로 다른 영양소는 무엇인지와 같은 기초적인 몇 가지 사실을 이해해야 한다. 이런 사실을 모르고서는 학생이 과제를 성공적으로 완수할 수 없을 것이다.

선언적 목표: 학생이 알아야 하는 것을 다루는 목표

학생이 정보를 제공하는 목표를 달성하도록 돕는 것과 절차적 목표를 달성하도록 돕는 것은 다소 다른 전략을 필요로 한다. Tileston은 매일의 수업 계획에서 어떻게 이들 각각이 가장 적절히 다루어질 수 있는지 설명한다. 그녀는 학생이 효과적으로 정보를 이해하고, 저장하고, 인출하는 것에 대한 3단계의 과정과 그것과는 다르게 어떻게 절차를 정확하고 효율적으로 수행하는지 배우기 위한 3단계 과정을 뚜렷이 보여 준다(Tileston 2004).

지식 습득의 3단계는 다음과 같다.
- 1단계: 정보로부터 의미 구성하기
- 2단계: 정보 조직하기
- 3단계: 추후 사용을 위해 정보 저장하기

〈표 7-1〉에서 왼쪽 열은 중요 정보를 나중에 사용하기 위해 그것들을 처리하고 조직하며 저장할 때 학생이 해야만 하는 것을 목록화한다. 오른쪽 열은 학생이 이들 각각의 것을 하도록 돕는 효과적인 교수 전략을 설명한다. 매일의 수업을 개발하면서 당신이 가르치고 있는 것에 가장 적합한 전략을 선택할 때 이 표를 사용할 수 있다.

무엇을, 어디서, 언제, 왜로 시작하는 질문들은 전형적으로 사실적 대답을 끌어낸다. 만약 당신이 학생에게 그들의 대답을 정당화하고, 뒷받침하고, 입증하고, 증거를 대고, 참이라는 것을 밝히고, 설명하고, 명확하게 하고, 증명하기를 요구한다면, 이는 대개 학생으로 하여금 사실에 대한 보다 심오한 설명을 하게 한다.

표 7-1 선언적 목표: 학생이 알아야 하는 것을 다루는 목표

지식 습득	학생을 돕는 전략
1단계: 정보로부터 의미 구성하기	• 당신이 추구하는 목표를 학생에게 설명하라. 그리고 이 정보를 학습하는 것이 어떻게 그 목표들을 달성하는 데에 도움이 될지 설명하라. 이것은 학생에게 그 정보를 처리할 이유를 제공한다. • 학생이 정보와 개인적인 연관을 맺도록 도우라. 이야기나 시를 통해, 혹은 비슷한 선택이나 딜레마에 직면했을 때 그들이라면 어떻게 할지 토론하게 함으로써, 그 정보가 어떻게 학생의 삶과 연관되는지 보이라. • 학생이 자신의 배경지식이나 경험에 접근하도록 도우라. 이것은 새로운 정보를 얻기 위한 개인적 맥락을 제공한다. 그것은 또한 학생이 그들의 새로운 학습을 그들이 이전에 배웠던 것과 연관 짓도록 돕는 방식을 제공한다. • 학생이 새 정보를 받아들이고 연결 지을 수 있도록 맥락을 풍부하게 하라. 정보를 위주로 이야기를 들려주고 학생이 그것을 다양한 관점에서 검토하도록 하라. 그것의 연관성을 논의하고 증명하라. 이것은 뇌의 다양한 부분에서 기억 체계를 활성화한다. • 사실, 개념, 일화를 섞어 배치하라. 그리하여 뇌 속의 몇 가지 서로 다른 뉴런 체계가 계속 활성화되어 학생이 의미 있는 연결 관계를 만들 수 있도록 하라. • 학생이 정보를 배울 때 모든 감각을 사용할 수 있도록 하는 활동을 제시하라. 이것은 또한 그들의 다양한 기억 경로를 활성화하고 연관 짓는 것을 가능하게 할 것이다. • 학생이 질문하는 것을 장려하여, 그들을 혼란스럽게 하거나 호기심을 자극하는 개념이나 정보에 대해 질문하게 하라. 이것은 그들이 새로운 제재를 이해하고 중요한 연관성을 찾는 것을 도울 것이다.
2단계: 정보 조직하기	• 학생이 새로운 정보를 살펴보며 연결 관계를 찾고, 그것에 대해 반성하고, 토론하도록 도우라. 이것은 학생이 패턴을 알고 학습하고 있는 정보를 조직하는 것을 도울 것이다. • 학생이 무엇이 중요하고 무엇이 그렇지 않은지 판단하도록 도우라. 학생이 논리적이거나, 어떤 것과 연관되거나, 어떤 의견을 입증하거나 반증하는 정보에 대해 토론하고 기록하도록 하라. 학생이 어떤 정보가 주장을 뒷받침하거나 부인하는지에 대해 생각하도록 도우라. 어떤 정보가 부적절하고 혼란을 주는지, 왜 그런지에 대해 그들이 알아내고 토론하도록 하라. 그들이 저자에게 편향된 주장을 알아채도록 상반되거나 논란이 많은 주장을 검토하게 하라.

	• 학생이 Tileston(2004)이 '언어적 형식/비언어적 형식'이라고 말한 것으로 정보를 편성해 넣도록 도우라. 그들이 정보를 요약하거나, 개요를 서술하거나, 에세이 또는 성찰 일지를 쓰도록 하거나, 그것을 토론하도록 함으로써 언어적으로 정보를 조직하도록 도우라. 학생이 연대표, 그래프, 표를 사용함으로써 비언어적 형식으로 정보를 조직하도록 도우라. • 학생에게 도식 조직자를 제공하거나 그들이 만들도록 하라. 여기에는 벤다이어그램, 이야기지도, 순서도, 원인과 결과 대조표 등이 있다. 이것은 학생이 정보를 시각화하는 것을 도울 것이다. • 학생이 글쓰기 작품과 공책을 조직하여 새로운 정보가 논리적으로 연결되도록 도우라. 이것은 그들이 새로운 내용에 대한 개념적 이해를 형성하도록 돕고, 그들에게 추후 이 정보를 의미가 통하는 방식으로 검토하기 위한 수단을 제공할 것이다.
3단계: 추후 사용을 위해 정보 저장하기	• 음악, 움직임, 상징, 감정적 연관성, 색채(가능하면)를 사용하여 뇌 속의 서로 다른 기억 체계가 활성화되도록 하라. 이들이 함께 작동하여 학생이 정보를 손쉽고, 정확하고, 적절하게 기억하고 인출하도록 도울 것이다. • 학생이 정보와 절차를 어떻게 전이할 수 있는지 그들에게 보여 주고 연습하도록 하라. 다시 말해, 학생이 배우고 있는 것을 새로운 연관성을 찾거나 새로운 문제를 해결하는 데에 적용하도록 하라. 학생에게 어떻게, 언제, 어디에서, 왜 이 정보가 사용될 수 있는지를 먼저 보여 줌으로써 이렇게 할 수 있다. 그런 뒤 학생이 알고 있는 것을 새로운 상황에 적응하는 연습을 하도록 충분한 시간을 제공하라. • 학생이 기록, 저널, 토의, 토론, 대화를 통해 그들의 학습을 반성하도록 하라. 학생이 배우고 있는 정보의 패턴에 대해 토론하도록 하라. 이것은 의미를 구성하고, 연관성을 찾고, 장기기억 속에 정보를 저장하도록 도울 것이다.

절차적 학습 목표: 학생이 할 수 있어야 하는 것을 다루는 목표

이제 우리는 학생이 절차적 정보를 학습하도록 돕는 몇 가지 전략을 살펴본다. 〈표 7-2〉는 학생이 정보를 사용하거나 적용하기 위해 무엇을 해야만 하는지에 대해 상세히 보여 주며, 그것은 교사들이 가장 효과적으로 학생이 절차적 목표를 달성하도록 돕는 방법에 대한 아이디어를 포함한다. 이것은 또한 3단계로 진행된다. 그러나 이 표를 살펴보기 전에 우리는 문제를 해결하기 위해 사람들이 흔히 사용하는 서로 다른 유형의 전략을 몇 가지 검토할 것이다.

Marzano(1992)에 따르면, 사람들이 문제를 해결하는 데에는 세 가지 유형의 기본적인 전략적 접근이 사용된다. 이들을 구분할 수 있는 것은 중요하다. 첫 번째 접근은 장제법 문제를 풀기 위한 단계적 연산처럼 문제를 해결하거나 목적을 달성하기 위해 일련의 특정한 단계 혹은 알고리즘을 따라가는 것이다. 알고리즘은 믿을 수 있는 것이다. 알고리즘을 정확하게 따라간다면 항상 같은 결과에 도달하게 될 것이다.

두 번째 접근은 지질 측량도가 만들어진 규칙을 이해함으로써 그것을 어떻게 읽는지 학습하는 것처럼 작전이나 일반적 규칙을 사용하는 것이다. 지도를 살펴볼 때마다 매번 당신은 새로운 뉘앙스를 알아차릴 수도 있다.

세 번째 접근은 실험을 수행할 때 과학적 방법을 사용하는 것처럼 과제에 접근할 때 전략이나 보편적 방식을 사용하는 것이다. 전략은 알고리즘이나 작전보다 일반적인 것이며, 같은 전략을 사용하는 서로 다른 사람들은 종종 다른 결과에 이르고는 한다. Tileston(2004)에 따르면, "학생에게 절차적 지식에 사용되는 작전, 알고리즘, 전략을 가르치는 것은 교실에서뿐만 아니라 삶을 위해 가치 있다."

Eric Jensen(1998)은 학생이 도전적 문제를 해결할 필요가 있지만 문제해결이 뇌의 한 부분에만 국한된 것은 아니라고 설명했다. 학생은 다양한 방식으로 문제를 해결할 수 있으므로 뇌의 서로 다른 부분이나 신경 회로가 관여된다. 문제는 모형을 구축하여, 펜과 종이를 이용해서, 동계 자료를 통해, 도의를 통해, 모론을 통해, 삽화를 이용하여, 또는 시범을 통해 해결할 수 있다. "그것은 다양한 문제해결 접근에 학생을 노출시키는 것이 중요함을 의미한다." (1998) 그러나 특정한 문제를 해결하는 데에 가장 효과적으로 사용되는 절차(알고리즘, 작전, 전략)

를 알고 있다면 당신은 최상의 방식으로 교수를 구조화할 가능성이 좀 더 많아
질 것이다.

'어떻게'로 시작하는 문제들은 전형적으로 절차적 지식을 요구한다. 학생에게
무언가를 만들어 내고, 구성하고, 창작하고, 증명하고, 표현하고, 조합하고, 전시
하고, 내보이고, 사용하고, 알아내고, 적용하고, 증명하고, 해독하고, 풀도록 하
는 것은 그들의 절차적 지식의 깊이를 보여 줄 것을 요구한다.

이제부터 학생이 절차적 목표에 도달하도록 돕는 데 유용한 수업 전략을 몇 가
지 살펴보자. 〈표 7-2〉는 절차적 목표를 이루기 위한 Tileston의 3단계와 학생이
이를 효과적으로 할 수 있도록 돕는 데 쓰이는 몇 가지 전략을 보여 준다. 여기에
서도 당신은 가르치고 있는 것에 대해 가장 잘 들어맞을 것으로 생각되는 전략을
선택해야 한다.

절차적 목표를 이루기 위한 세 단계는 다음과 같다.
• 1단계: 정신적 모형 구축하기
• 2단계: 정신적 모형을 지니기 위해 정보 형성하기
• 3단계: 자동화를 위한 절차 내면화하기

표 **7-2 절차적 학습 목표: 학생이 할 수 있어야 하는 것을 다루는 목표**

절차적 목표 달성	학생을 돕는 전략
1단계: 정신적 모형 구축하기	• 학생이 자신의 배경지식에 접근하도록 도우라. 그리고 새로운 기능이나 전략, 절차를 이전에 배운 것과 연결하도록 하라. • 일반적 원리를 설명하라. 이 일반적 원리는 절차나 과정의 사용과 관련된다. • 당신이 절차나 과정을 어떻게 사용하는지 보이라. 이를 증명할 수 있도록 생각해 보라. 이 방식은 학생들로 하여금 이 전략이 어떻게 사용되며, 학 생들 자신만의 문제를 이야기하도록 해 주는 모형을 제공한다.

	• 문제를 해결하기 위한 단계를 작성하고, 예시를 구성하고, 순서도를 만드는 작업을 학생과 함께 하라. 각 단계에 대한 이유를 포함하라. 이것은 학생이 그 단계를 통해 사고하고, 그것들 속에 있는 목적을 이해하고, 문제해결을 위한 시각적 이해를 제공하는 것을 돕는다. • 학생이 마음속으로 절차를 리허설하도록 도우라. 이것은 그들이 문제해결과 관련된 논리적 단계를 이해하고 기억하도록 돕는다.
2단계: 정신적 모형을 지니기 위해 정보 형성하기	• 사람들은 제각각 독특하고, 모두들 그것을 내면화할 필요가 있으며, 자신만의 과정을 만들어야 함을 설명하라. 학생은 단계들이 포함된 이유를 이해해야 하고 가장 효과적이고 효율적으로 처리하는 방식에 대해 충분히 생각해야만 한다. • 특정 절차를 사용할 때 마주칠 수 있는 곤란이나 흔한 오류를 설명하라. • 학생이 문제해결에 대해 브레인스토밍하고 대안적 방법에 대해 논의하도록 하라. • 학생에게 절차를 연습할 시간을 많이 제공하라. 다양한 맥락과 상황에서 문제에 접근하는 대안적 방법을 포함하여 연습하도록 하라. • 학생이 절차를 사용할 때 그것에 대해 반성하도록 하라. 무엇이 효과가 있고 무엇이 그렇지 않았는지 그들이 설명하도록 하라. 그들에게 효율성과 정확성을 개선하려면 무엇을 고쳐야 할지 물라. 그리고 나서 그들이 수정한 절차를 사용하고 결과를 반성하도록 하라. • 학생이 자신의 발전에 대해 논의하도록 하라. 그리고 그들이 배우고 있는 것에 대해 계속해서 반성하도록 하라. • 학생에게 진행 중 피드백을 제공하라. 그리고 학생에게 서로에게 효과적인 피드백을 제공하는 방법을 가르치라.
3단계: 자동화를 위한 절차 내면화 하기	• 학생에게 연습할 방법을 다양하게 제공하라. 그리고 연습할 시간을 풍부하게 제공하라. • 학생이 스스로 가장 편안하게 생각하는 양식을 먼저 사용하도록 하여(시각적, 청각적, 운동감각적 등) 그들이 학습하고 있는 것을 보강하도록 하라. 서로 다른 학생들은 새로운 학습에 대해 들어야 할 수도 있고 논의해야 할 수도 있다. 또 다른 학생은 그려서 묘사할 때, 모형을 만들 때, 혹은 직접 수행할 때 가장 잘 학습할 수도 있다. • 새로운 문제를 제시하여 학생이 아는 것을 전이하도록 하라. 학생이 아는 것을 새로운 상황에 적용하도록 하라. • 학생이 자신의 발전에 대해 논의하고 표로 나타내도록 하라. • 학생이 자신의 발전을 평가할 수 있는 체크리스트나 루브릭을 사용하도록 하라. 그들이 진행하면서 필요한 변화를 만들도록 하라. • 학생이 스스로에 대한 새로운 목표를 설정하도록 하라.

효과적이고 매력적인 학습 활동 선택하기

매일의 수업을 계획할 때, 학생이 적절한 연결 관계를 만들고, 단원의 기저 원리나 주요 아이디어를 이해하고, 그들이 배우고 있는 것을 새로운 문제를 푸는 데 적용하도록 돕는 데에 어떤 수업 실행이 가장 효과적일지 판단해야만 하는 것은 당신이다.

Wiggins와 McTighe(1998, 2005)에 따르면, "목표에 비추어 훌륭한 학습을 위한 계획"을 설계하기 위해 학생들에게 제시할 활동은 "매력적이고 효과적"이여야만 한다. Wiggins와 McTighe는 학습자가 완료하기를 기대하는 과제나 활동의 요건, 알쏭달쏭함, 혹은 도전적 본성을 이용하여 학급 내 모든 다양한 학습자를 사안이나 주제로 끌어들이는 것으로 매력적인 수업을 정의한다. 이것은 학습자가 단지 활동을 즐기도록 과제가 구조화된다는 의미가 아니라 '주요 아이디어를 위주로 중요한 수행 도전을 하게 하여 학생의 지적 능력에 맞는' 것이라는 의미다. Wiggins와 McTighe는 효과적인 활동이란 학습자를 "가치 있는 활동에 보다 능숙하고 생산적이게" 만드는 것이라고 정의한다.

수업이 효과적이면서도 매력적이도록 하기 위해서는 학생에게 학습단원 전체에 대한 큰 그림을 분명하게 제시하여야 한다. 활동들은 수업 목표로 이어져야만 한다. 그것들은 직접 해 보는 것이어야 하고, 흥미로운 실제 세계에의 적용에 근거해야 하며, 학생이 안전하지만 의미 있는 방식으로 도전하도록 해야 한다. 서로 다른 학생들은 다양한 강점을 지니고 있고 요구 사항이 다르기 때문에, 학생이 자신의 이해를 증명할 수 있는 방식은 한 가지 이상이어야만 한다. 학생은 또한 자신에게 무엇이 기대되는지 알아야만 하고, 그들의 발전을 스스로 모니터링할 수 있어야 하며, 구체적이고 시기적절한 피드백을 얻어야 하고, 그들의 실수로부터 배우는 것이 있어야 한다. 학생은 진정으로 중요한 것을 하도록 요구되어야 한다.

표 7-3 수업 계획 체크리스트

- ☐ 차시 목표가 국가, 주, 지역 수준 성취기준과 나란히 일치된다.

- ☐ 모든 학생이 볼 수 있도록 목표가 게시되어 있고, 차시 수업(혹은 학습단원) 내내 언급된다.

- ☐ 차시 수업이 학생들의 요구에 근거를 두고 있다.

- ☐ 학생이 학습 목표에서 뚜렷이 제시된 지식과 기능을 획득하는 것을 돕도록 차시 수업이 설계되었다.

- ☐ 활동이 매력적이고 효과적이다.

- ☐ 학생에게 기대하는 것이 분명하다.

- ☐ 학생이 알아야 하고 이해해야 하는 것(중요 내용이나 선언적 지식)을 다루고 있다.

- ☐ 학생이 할 수 있어야 하는 것(절차적 지식)을 다루고 있다.

- ☐ 학생이 선언적 지식이나 절차적 지식을 습득하는 것을 돕는 전략을 고안하였다.

- ☐ 학생의 성공적인 학습에 필요한 수단, 자원, 지식, 경험을 제공한다.

- ☐ 차시 수업이 다음의 '점진적 책임 이양' 모형을 따른다.
  - 교사가 정보의 중요성을 증명한다.
  - 교사가 새로운 기능이나 전략을 시범 보이고, 학생이 무엇을 하는지 보여 주는 동안 생각을 입 밖에 내어 말한다.
  - 교사는 학생에게 안내에 따라 연습할 기회를 주어 학생이 의미를 구성하고, 연결 관계를 이해하고, 그들의 학습을 반성하고, 피드백을 얻고, 생각을 심화하고, 필요한 변화를 만들 시간을 갖도록 한다.
  - 학생은 개별적으로 학습을 새로운 상황에 적용하는(혹은 전이하는) 활동을 한다.
  - 학생은 그들의 개별적인 활동을 반성하고, 질문하고, 그들의 탐구 결과를 공유하고, 서로에게 피드백을 주고, 필요한 부분을 수정한다.

- ☐ 학생의 질문에 답하고 혼란을 해소하기 위한 협의 시간이 계획되어 있다.

- ☐ 일화적 자료와 공식적·비공식적 평가 자료를 통해 학생의 강점과 약점이 파악되었다.

- ☐ 학생은 그들이 반성적이고 비판적인 사고가이고, 표현이 또렷한 의사소통가이며, 숙련된 문제해결가라는 것을 증명한다.

- ☐ 수업이 학생의 요구에 초점을 맞추고, 다음과 같이 수업이 개선되도록 평가 자료가 유용하게 쓰인다.
  - 짧은 강의와 연습, 수준에 맞는 자원과 재료, 필요할 경우 수정되는 평가, 힘겨워하는 학생을 위한 지속적인 피드백
  - 이미 제제에 대해 알고 있는 학생을 위한 심화되고, 탄탄하고, 진전된 제재
  - 영어를 습득 중인 학습자에 대한 지원

매일의 차시 수업을 계획할 때 〈표 7-3〉의 체크리스트를 유용하게 사용할 수 있다.

수동적인 학습자 격려하기

많은 학생이 수동적 학습자가 되는 것을 편하게 생각한다. 심지어 능동적 학습을 선호하는 학생조차도 좋은 성적을 얻기 위해 정보를 단지 암기하는 것에 익숙해서 그 외에 다른 것을 하길 겁낼 수도 있다. 문제는 어떻게 교실을 교사중심 패러다임에서 학습자중심 패러다임으로 옮겨오도록 할 수 있는가 하는 것이다. 당신은 이런 초점의 변화로 학생들을 이끌어야 할 것이다. 어떻게 하면 수동적인 학습자의 호기심에 불을 지피고, 그들이 학습 과정에 초점을 맞추도록 고무하며, 자신의 학습에 책임지도록 할 수 있는가? 이 문제는 간단히 대답할 수 있는 것이 아니지만, 이렇게 하도록 도울 수 있는 주요 아이디어가 몇 가지 있다.

먼저 학생이 편안하게 제재를 탐색하고, 질문하고, 능동적으로 아이디어를 탐구하고, 자신의 발전을 모니터링할 수 있는 학습 환경을 조성하는 것이 중요하다. 학생은 당신이 학급에서 이것을 가장 중요하게 여긴다는 것을 알아야 한다. 당신은 학생이 스스로의 학업에 책임을 질 때 가장 잘 학습할 수 있다는 것을 그들에게 강조해야 한다. 당신은 학생이 이해를 추구하기를 원한다는 것을 그들이 알도록 하라. 당신은 질문과 아이디어가 중요하다는 점과 그들의 실수가 더 나은 탐구와 학습으로 이어질 것이라는 점, 그들이 당신만이 아니라 서로를 통해 학습할 것이라는 점을 확신시켜야 한다.

특정 교수 방법은 능동적 학습을 촉진하는데, 주저하는 학생을 보다 개방적으로 만들기 위해 사용할 수 있는 구체적 기법들이 있다. 예컨대, 토의는 비판적 사고와 참여를 촉진하는 데에 있어 강의보다 더 선호된다. 학급 토의 중에 당신은 관찰자가 되어야 하고 어떤 학생이 가장 반응을 적게 하는지 기록해야 한다. 그 다음에는 몇 가지 선택권이 생긴다. 당신은 학급 전체 환경에서는 수줍어하던 학생이 반응하는 것을 더 편안하게 생각하도록 학급을 토의 그룹으로 나눌 수 있다. 당신은 수동적인 학습자를 위해 당신이 덜어 줄 수 있는 것에 대해 개인적으로 이야기함으로써 그들이 반응하도록 격려할 수 있다. 당신은 특정 학생을 북돋아 주기 위해 고안된 특정 질문을 제기하거나, 기능 수준이 서로 다른 다양한 학생의 지식을 일깨우는 질문을 할 수도 있다. 당신은 당황하고 수줍어하는 학생을 세심히 돌봐야 한다.

나의 여동생은 고등학생일 때 남의 시선을 매우 의식했다. 그녀는 성실한 학생이었지만 손을 들고 학급 앞에서 말하는 것을 두려워했다. 어느 날 그녀는 용기를 내어 손을 들었다. 그런데 교사가 "오, 놀랍지 않니. 헬렌이 질문에 답하려고 하다니!"라고 말했고, 나의 여동생은 트라우마를 입었다. 그녀는 고등학교에서 다시는 손을 들지 않았다고 말한다.

매력적이고 효과적인 수업

Wiggins와 McTighe(2005)는 교육적으로 다양한 범위에 걸친 서로 다른 교사 그룹들(초보 교사부터 경력 교사까지, 유치원 교사부터 대학 교수까지)에게 다음 두 가지 질문에 대한 반응을 구해 왔다. 어떤 요소가 학생의 참여에 영향을 끼치고, 어떤 요소가 학습 효과성에 영향을 끼치는가? 그들이 되돌려 받은 결과는 흥미로웠다.

이들 교사에 따르면, 학교에서 맡은 과제가 다음의 속성을 보일 때 학생은 가장 잘 참여한다.

- 직접 실천할 수 있는 과제
- 불가사의하거나 문제를 포함하는 과제
- 다양성을 제공하는 과제
- 도전을 조정하고, 수정하고, 다소 개별화할 수 있는 기회를 제공하는 과제

- 자신 내에서 그리고 타인들 간에 협동과 경쟁의 균형을 갖추고 있는 과제
- 실제 세계나 의미 있는 도전을 근거로 하는 과제
- 사례 연구, 모의재판, 다른 종류의 가상 도전과 같은 자극적인 상호작용 접근을 사용하는 과제
- 실제 청중을 포함하거나 결과에 대해 다른 형태의 '진정한' 책임감을 수반하는 과제

교사들은 효과적 학습이 전형적으로 다음의 속성을 보인다고 응답했다.
- 활동이 명확하고 가치 있는 목표에 초점을 둠.
- 학생이 그 활동의 목적이나 근거를 이해함.
- 시범이나 모범 예시가 제공됨.
- 학생이 자신의 발전을 정확하게 모니터링하도록 하는 명확한 일반적 기준이 있음.
- 열심히 하고, 위험을 감수하는 데 대한 두려움을 제한하고 장려를 최대화함. 불이익 없이 실수로부터 배움.
- 학생의 경험을 교실 너머 세계와 관련시킴으로써 아이디어가 명확해짐.
- 자기평가와 피드백에 기초한 자기조정 기회를 제공함.

당신은 수줍어하거나 수동적인 학습자를 학급 토의에 참여하도록 격려할 수도 있다. 이것은 당신이 묻는 질문의 유형과 그 질문에 대답할 수 있도록 학생에게 제공하는 구조에 의해 촉진될 수 있다. 당신은 모든 학생에게 구두로 반응하기 전에 그들의 사고와 아이디어를 반성하고 리허설할 시간을 주어야 한다. 이것은 다양한 방식으로 행해질 수 있다. 당신은 학생이 소리 내어 대답하기 전에 질문이나 아이디어에 대한 그들의 반응을 적을 수 있는 반성 일지를 쓰도록 할 수도 있다. 당신은 또한 학생이 학급 토의에서 터놓기 전에 짝꿍에게 먼저 이야기하도록 함으로써 그들의 아이디어를 리허설하도록 할 수도 있다. 이것은 가장 수동적인 학습자조차도 학급 토의에 참여할 수밖에 없게 한다.

특정 학습자에게 조정 질문을 해 보라. 주제에 대한 지식이 적은 학습자에게는

좁은 질문을 하거나 맥락을 추가하고, 지식이 더 많은 학습자에게는 질문을 확장한다. 한 학생이 특별한 재능이나 문화적 실천 덕분에 학급 토의와 관련된 무엇인가를 기여할 수 있다고 본다면 그 학생에게 특별히 요청하라. 특히 수줍어하는 학생은 사전에 개인적으로 리허설할 수 있는 기회를 반길 수도 있다. 당신은 명쾌하게 적절한 질문이 특정 학습자를 향하도록 할 수 있다. 가장 중요한 것은 학생이 기여하는 것에 대해 좋은 느낌을 갖고 그것을 기꺼이 다시 할 수 있도록 그들을 인정하는 것이다. 질문에 틀린 답을 하는 학생을 결코 당황시키지 않도록 하라.

학급 토의가 원만하게 흘러가도록 돕기

학급 토의가 보다 자연스럽게 흘러가도록 하기 위해, 학생들이 서로에게 직접적으로 반응하도록 할 수 있다. 학급 전체에게 이렇게 하도록 하려면 학생들이 서로의 얼굴을 볼 수 있도록 책상을 배치하는 것이 유용하다. 당신은 또한 소규모 모둠이 어항 대화 기법*을 사용하여 훌륭한 토의를 시범 보이도록 할 수도 있다. 이 모형에서 소규모 학생 그룹은 서로의 가까이에 앉아 주제에 대해 토의하고, 나머지 학생은 그것을 듣는다. 개방된 어항 모형에서 어항에는 약간의 좌석이 추가 배치된다. 다른 학생들은(그리고 교사도) 코멘트나 질문이 있을 때 참여하여 기여하고, 그 뒤에 참관할 때에는 원래 좌석으로 돌아올 수 있다.

당신은 또한 다음에는 누구를 시킬지에 대해 더 나은 아이디어를 가질 수 있도록 학급 토의를 구조화할 수도 있다. 내가 뉴저지에서 어떤 교사와 일할 때, 그의 2학년 학생들은 언급된 무엇인가에 대해 연관되는 것을 말하거나, 추론하거나, 질문을 하고 싶을 때 어려운 수신호를 보여야 했다. 학생들은 신호를 만드는 것에 대한 아이디어와 신호 자체에 대한 아이디어를 내놓았다. 그 교사는 학급 대화가

---

* 토론 기법의 하나로 책상 배열 형태를 본떠 이름 붙여짐. 참여자들이 두 개의 동심원 모양으로 앉아 대화를 함.

계속 흘러가게 하려면 그다음에 누구를 지목해야 할지에 대해 더 좋은 생각을 할수 있어서 그것이 아주 좋았다고 말했다. 때때로 그 교사는 말하고 있던 학생에게 다음에 누구를 시킬지 결정하도록 했다.

학습 방식

매일의 차시를 계획할 때 학생이 서로 다른 학습 방식과 선호를 보이고, 새로운 제재에 대해 서로 다른 방식의 반응을 보임을 기억해야 한다. 학생이 자신의 학습 방식을 검토하도록 하는 것은 그들이 더 나은 학습 전략을 개발하도록 도울 것이다. 이것을 장려하기 위한 한 가지 방법은 학습 방식 목록을 부여하고 그 효과에 대해 논의하는 것이다. 학생은 또한 약간의 선택권을 가지게 될 때 더욱 능동적으로 참여하게 된다. 당신은 학생에게 그들이 어떻게 학습하는지, 그들이 어떻게 달성한 것을 증명할 수 있을지에 대해 통제권을 더 줄 몇 가지 활동을 제공할 수 있다. 학생들은 모형 구축하기, 실험 수행하기, 보고서 쓰기, 문제 해결하기, 발표에 참여하기 등을 통해 그들의 지식을 증명할 수 있다.

그러나 매일 효과적인 수업을 하기 위해 당신이 할 수 있는 가장 중요한 것은 융통성과 민감성을 갖는 것이다. 만약 당신이 교실을 학생 사고와 탐구의 장으로 터놓는다면, 교실은 모든 구성원이 서로로부터 배울 수 있는 공동체가 될 것이다. 당신이 학생의 아이디어와 호기심을 중요하게 생각하고 그들이 평가받는 것으로부터 자유롭다는 것을 안다면, 그들은 능동적으로 학습하도록 고무될 것이다. 학생이 지닌 독특한 강점과 요구 사항을 당신이 알고 있음을 분명히 해 두면, 당신은 효과적으로 수업의 초점을 그것에 맞출 수 있을 것이다. 완벽해야 하는 것은 아니지만, 당신이 융통성 있게 생각한다면 확실한 학생중심 교실 만들기 도전을 성공적으로 완수할 최고의 기회를 가질 것이다. 그리고 학생은 그것으로부터 엄청난 이익을 수확할 최고의 기회를 가질 수 있다.

결론

학생은 자신의 학습에 주인의식을 가져야 한다. 그들 모두가 새로운 개념을 탐색하고, 의미를 구성하고, 지적 위험을 감수하고, 실수로부터 배우도록 장려하라. 주저하는 학습자가 보다 편안해져서 아이디어가 자연스럽게 흘러가도록 학급 토의를 구조화하라. 학생의 학습 방식과 선호도에 대한 이해는 또한 당신이 효과적으로 계획하도록 도울 것이다. 무엇보다도 당신이 학생의 요구에 대한 융통성과 민감성을 유지하고, 당신이 그들을 존중하고 그들의 아이디어와 의견을 중요하게 여긴다는 것을 학생이 안다면, 그들은 자신의 학습에 대해 주인의식을 가질 것이다.

탐구문제

1. 매력적이고 효과적인 학습을 정의하라. 당신의 교수는 언제 가장 효과적인가? 언제 가장 매력적인가?

2. 수업을 효과적이고 매력적으로 만드는 것에 대해 당신이 일반화할 수 있는 원리가 있는가?

3. 당신이 학생에게 기대하는 절차적 목표는 무엇인가? 정보를 제공하는 학습 목표는 무엇인가? 어떻게 특정 학습 목표를 중심으로 차시 수업을 효과적으로 계획할 수 있는가?

4. 당신의 학급에서 가장 수동적이거나 주저하거나 저항하는 학습자를 어떻게 격려할 수 있는가? 당신이 교실 환경은 능동적 학습 경험을 위해 갖추어져 있는가?

5. 당신은 어떻게 학급 토의가 더 매끄럽게 흘러가도록 할 수 있는가? 당신은 어떻게 학생이 자신의 학습에 대해 더 많은 책임을 가지도록 할 수 있는가?

제8장

더 깊이 파고들고,
더 심층적으로 나아가기

"우리가 공통으로 공유하는 무언가는 우리를 인간(적)이게끔 한다. 우리가 어떻게 다른지는 우리를 개인(적)이게끔 한다. 차이가 거의 없는 교육을 행하는 교실 속에서는 오직 학생들의 획일성만 각광받는 듯하다. 차별화된 교실에서는 공통성이 인정되고 수업의 기반이 되며, 학생들의 차이점은 교수와 학습 모두에서 중요한 요소가 된다."

– Carol Ann Tomlinson, 1995

글로벌 시대에 대처하여 학습단원 차별화하기

교육부에 따르면 미국 학교의 공식적 임무는 "교육의 우수성을 조성하고 동등한 기회를 보장함으로써 학생이 글로벌 경쟁력을 달성하고 준비하도록 촉진하는 것" 이다(2001-2009). 이것은 숭고한 목표이고, 분명 성취하기 어려운 것이다. 이는 대단히 중요하고 본질적인 질문 두 가지에 대해 깊게 생각하기를 요구한다. 첫 번째 질문은 교육의 '무엇'을 아우른다. 점점 더 복잡해지는 세상에서 학생이 경쟁에 성공하기 위해 필요한 도구들은 무엇인가? 우리가 학생이 학교 너머 세계에 잘 대처하게 하려면 학생이 미래에 무엇을 알아야 할지, 무엇을 할 수 있어야 할지에 대해 이해할 필요가 있다. 두 번째 질문은 교육의 '어떻게'를 아우르고, 첫 번째 질문과 똑같이 중요하다. 우리는 학생의 다양한 요구를 어떻게 충족시킬 수 있는가? 이 장에서 우리는 효과적이며 실제적인 차별화 기법을 통해 모든 학생이 미래에 대비하도록 하는 수업이나 학습단원을 어떻게 설계할지에 초점을 두고 이 문제를 각각 검토한다.

학생을 미래에 대비시키기

학생이 미래에 성공적으로 경쟁하기 위해 무엇을 필요로 할지 명확히 아는 것은 불가능하다. 그러나 우리가 확실히 아는 것이 한 가지 있다. 세계가 계속해서 빠르게 변화하고 있다는 것이다. 새로운 기술들은 우리가 알고 있는 세계를 혁신하고 있고 단지 몇 년 전만 해도 상상하지 못했을 방식으로 사람들을 연결한다. 오랜 직업들이 사라지고 새로운 것들은 놀라운 속도로 나타나고 있다. Karl Fisch와 Scott McLeod는 그들의 TeacherTube 영상 〈당신은 알았는가? 변화기 일어날 것을(Did You Know?/Shift Happens)〉에서 "요즘 우리는 아직 문제인지 인식하지도 못한 문제를 해결하기 위해 아직 발명되지 않은 기술을 사용하여 아직 존재하지 않은 직업을 학생에게 준비시킨다."라고 말했다(http://www.youtube.com). 글로벌 시대에 대처하는 것을 말이다.

그러나 세계가 매우 빠르게 변하고 있다는 사실은 학교에서 우리가 집중해야 할 것이 무엇인지에 대해 중요한 단서를 제공한다. 우리에게 불가사의한 미래를 보여 주는 수정 구슬은 없지만, 학생이 의심의 여지없이 마주할 새로운 도전을 대비하도록 해야 한다는 것은 분명 안다. 우리는 학생이 결국 적어도 다음과 같이 해야 할 변화무쌍하고 복잡한 세계로 들어갈 것임을 확실히 알고 있다.

- 이해하며 읽기
- 자신의 아이디어를 명확하게 의사소통하기
- 적절한 연관성 찾기
- 믿을 수 있는 정보원과 믿을 수 없는 정보원 구별하기
- 그럴듯한 근거에 기초한 의사결정하기
- 새로운 문제에 대해 생각하기
- 이 문제들을 풀기 위해 그들이 아는 것을 적용하기

그러므로 우리가 모든 학생이 미래에 대비하도록 하려면, 교육의 본질적인 목표는 모든 학생에게 동등하다. 우리는 학생이 우리가 가르치는 교과의 중심에 있는 주요 아이디어에 대한 깊고 정확한 생각을 증진하도록 도와야 한다. 우리는 또한 학생에게 새로운 문제를 풀기 위해 그들의 지식을 어떻게 적용할지 보여 줘야 한다. 앞의 장에서 논의했듯이 이것은 신중하게 구조화된 학습단원에서 가장 잘 달성될 수 있다. 학생은 중요한 문제들에 대해 조사하고 의미를 구성해야 하며, 자신의 작품, 발표, 문제해결을 통해 이해를 증명해야 한다. 그러나 성가신 질문이 남아 있다. 어떻게 우리는 요구가 서로 다른 학생들이 큰 목표를 동등하게 성취하도록 도울 수 있는가?

차별화의 필요성

그 어느 때보다도 학교는 윤리적, 문화적, 가족, 언어, 사회경제적 배경이 어마어마하게 다양한 아이들을 위해 교육을 제공한다. 학생은 다양한 준비도, 기능, 흥미, 강점, 요구, 동기, 학습 방식을 가지고서 학교에 들어간다. 학생의 가족 또한 정규 교육의 배움에 대한 기대 수준이 엄청나게 다양할 수도 있다. 한쪽 극에는 교육을 미래의 모든 성공을 위한 열쇠로 여기고 그들의 자녀들이 학교에서 항상 완벽하게 수행하기를 기대하는 가족이 있다. 이런 부모들 중 일부는 자녀가 실수하지 않도록 하기 위해 그들의 책임을 떠맡는다. 이들은 학교의 모든 면에 과도하게 참여할 수도 있다. 다른 한쪽 극에는 그들 자신의 학교 경험이 불만족스러웠던 가족이 있다. 이들은 학교가 아이들의 삶을 향상시킬 것이라는 기대를 실제로 하지 않을 것이다. 이런 가족들 중 일부는 단지 매일의 생존 투쟁에 짓눌려 있어서 가정에서 도울 능력이 없을 수도 있다. 이런 부모들은 학구적 노력에 대해서라면 거의 지원할 수 없을 것이다. 그리고 다른 가족들은 모두 이 둘 사이 어디쯤에 있다. 그러나 교육자로서 우리는 담당하는 이들 학생 모두에 대해 동등한 책임이 있다.

한 가지는 확실하다. 우리가 대하는 가정의 풍부한 다양성은 전통적으로 두루 적용되도록 만든 수업 모형의 점검을 요한다. 모든 학생은 기가 죽거나 지루해지지 않도록 적절한 정도의 도전을 해야 한다. 과도한 도전은 걱정, 포기, 심지어 절망을 야기한다. 부족한 도전은 지루함과 잠재력의 낭비를 야기한다. 특히 문제가 제때 다루어지지 않으면 쉽게 악화될 수 있기 때문에 이는 교육자의 막대한 책임이다.

전형적으로 학교에서 겪은 다음과 같은 곤란을 생각해 보자. 학교는 학업적으로 경계에 있는 학생과 영어를 습득 중인 학생 다수를 한정된 자원으로 지원해야 한다. 별로 어려움을 겪지 않는 학생은 제때 조정을 제공받지 못하기 일쑤였다. 이 학생들이 더더욱 낙오되면 그들의 문제는 복잡해지고 궁극적으로는 감당할 수 없게 된다.

동시에 학교는 보통 수준, 상위 수준, 영재 학생의 요구를 충족해야 한다. 보다 발전된 학생은 전형적인 교실에서 너무 흔한 반복 때문에 지루함을 너무 잘 느끼고 동기가 저하될 수 있다. 이 학생들은 학교가 무엇을 하는지에 상관없이 보통 시험을 잘 치기 때문에 그들의 특별한 요구는 (너무나 자주) 무시되고, 결국 잠재력의 상실이 초래된다.

다양한 학생이 교육의 목표에 도달하는 것을 돕기 위해서 우리는 수업 방법과 자료의 초점을 학생의 다양한 요구에 맞춰 그것을 충족시켜야 한다. 차별화된 수업은 교사가 학생의 차이에 부합되도록 맞춰진 교육을 제공할 때 일어난다.

Diane Leipzig(2000)가 설명했듯이, 차별화는 단지 서로 다른 학생들이 서로 다른 것을 하도록 하는 것이 아니다. 교사는 학생의 이해와 발전을 계속해서 평가해야 한다. 교사는 학생의 변화하는 요구에 근거하여 최상의 교육을 만들기 위해 수업을 다양화해야 한다. Carol Ann Tomlinson과 Jay McTighe(2006)에 따르면, "차별화된 수업은 수업 계획의 중요한 구성 요소인 학습자 다양성을 다룰 틀을 제공한다." 교사들은 많은 학습 경로를 만들어야 한다. 차별화된 수업은 간단한 과정이 아니지만 성공을 위해 매우 중요하다.

차별화된 수업과 백워드 설계를 연계시키기

Carol Ann Tomlinson과 Jay McTighe의 공저서 『차별화 수업과 백워드 설계의 통합(*Integrating Differentiated Instruction and Understanding by Design*)』(2006)은 학습단원을 설계할 때 차별화 전략을 포함하는 방법을 탐색한다. 이 저자들에 의하면, 백워드 설계와 차별화 수업은 밀접하게 연관된다. 백워드 설계는 우선적으로 모든 학생이 배워야 할 본질적인 것과 그 학습의 증거로서 우리가 모아야 할 평가 증거(근거)를 판단하는 것에 초점을 둔다. 모든 학생(힘겨워하는 학생부터 가장 앞서가는 학생까지)은 학습단원의 핵심인 주요 아이디어에 대한 영속적 이해를 이끄는 교육과정을 필요로 한다. 모든 학생은 그들의 사고 과정이 발전하도록 돕는 안내와 지원을 필요로 한다. 학생이 깊은 사고에 참여한다면 모두가 최고의 학습을 할 것이다. 차별화 수업은 모든 학생의 요구를 충족시킴으로써 이 과정을 지원한다.

교사로서 우리의 목표는 맡은 학생이 깊게 생각하도록 함으로써 그들 삶에 줄 수 있는 영향을 극대화하는 것이어야 한다. 이것에는 우리가 학생의 요구, 흥미, 학습 방식에 기초하여 매일의 수업을 차별화하는 데 사용할 수 있는 특정한 전략과 기법을 많이 이해하는 것이 요구된다.

당신은 부록 C의 백워드 설계 템플릿을 사용하여 차별화 기법을 포함하면서도 백워드 설계에 기초한 학습단원을 계획할 수 있다(188쪽 참조). 〈표 8-1〉은 모든 학생이 같은 목표에 도달할 수 있도록 하고 과제를 그들의 요구에 부합되도록 스케폴딩하고 차별화하기 위해 당신의 백워드 설계 접근에 포함될 수 있는 것들의 체크리스트다. 이 표는 또한 당신이 수업을 스케폴딩하고 차별화하기 위해 사용하고자 할 수 있는 자료 및 자원들의 목록이다. 여기에 있는 모든 것을 포함시킬 필요는 없다. 이는 단지 도움이 될 만한 아이디어다.

표 8-1 차별화 수업과 백워드 설계의 통합

1단계: 바라는 결과 확인하기

수업 목표는 모든 학생이 배우고 있는 주제의 주요 아이디어와 기저 원리를 이해하도록 돕는 것이므로, 이 단계의 요소들은 모든 학생에게 동일하다.

☐ 학습단원의 중심에 있는 영속적 이해, 본질적 질문, 주요 아이디어
☐ 학습단원의 결과로서 학생이 알고, 이해하고, 할 수 있어야 할 것을 상세히 기술하는 학습 목표

☐ 주제에 대한 각 학생의 깊은 이해를 증명할 궁극적 프로젝트 혹은 수행평가

2단계: 수용 가능한 증거 결정하기

이것은 수업 차별화하기의 중추 단계다. 당신은 어떤 평가가 각 학생의 발전에 대한 구체적인 정보를 제공할 것인지 판단한다.

☐ 확인된 결과에 기초한 사전평가(이들은 학습되는 주제에 대한 사전 지식이나 아이디어에 대한 조사로 이루어짐)

☐ 공식적·비공식적 형성평가(이들은 각 학습 목표에 대한 학생의 숙달도를 판단하도록 고안되어야 하고 수업에 요구되는 것을 모두 집어내야 함)

☐ 같은 개념을 포함하는 몇 가지 형태의 평가/과제(일부 학생은 평가나 과제를 완료하기 위해 추가적 도움이나 자료를 필요로 함)

☐ 학생에게 이해한 것을 어떻게 보여 줄지에 대한 약간의 선택권을 주는 평가 활동

☐ 관찰 체크리스트(당신은 학생이 무엇을 잘 하는지, 무슨 도움이 필요한지에 대해 무엇을 알아차렸는가?)

☐ 학생 자기반성/평가지

☐ 학급별, 모둠별, 개인별 기록지

☐ 질을 확보하기 위해 구체적 기술어로 된 차별화 루브릭

3단계: 학습 경험과 수업 계획하기

일상적 차시 수업에 대한 모든 것을 미리 기록하는 것은 도움이 되지 않는다. 단원을 가르칠 때 효과적인 매일의 차시 수업을 계획하기 위해 평가와 학생의 행동 관찰로부터 나온 자료를 사용하라. 이 체크리스트에 열거된 일부 전략은 당신에게 익숙하지 않을 수도 있다. 부록 E, F, G(190-194쪽)를 참고하여 수업 차별화에 대한 설명을 더 얻을 수 있다.

☐ 학생의 기능 수준, 흥미, 학습 방식에 기반을 두고 내용, 과정, 결과물이 차별화된 수업

☐ 읽기 난이도, 복잡성, 추상성이 서로 다른 자원과 자료를 통한 단계별 평가

☐ 학생의 기능, 흥미, 학습 선호도에 기초한 융통성 있는 모둠 구성(소규모 또는 대규모)

☐ 서로 다른 양식의 사용, 다양한 지적 능력, 학습 선호도에 맞추어 같은 개념을 다양한 방법으로 가르치기 위한 아이디어들

☐ 차별화된 질문 기술

☐ 앞서 나가는 학생을 위해 다져지거나 풍성해진 교육과정에 대한 아이디어

☐ 동료 코칭 활동

☐ 대그룹, 소그룹, 개인 조사 활동

☐ 학생 계약과 자기 진도에 맞는 활동

☐ 학생 관심사에 기초한 활동 선택권

☐ 연구를 기반으로 하여 개방된 평가

☐ 소그룹과 대그룹별 토의/토론 주제

차별화 자료와 자원의 사용

차별화 수업을 미리 조직하는 것을 도울 다음 지침을 사용하라.

- 같은 개념을 다루지만 읽기 난이도가 서로 다른 텍스트 및 다른 자료를 찾으라.
- 서로 다른 수준으로 스케폴딩하는 도식 조직자를 사용하라.
- 영어 습득 중인 학생(영어 학습자)과 영어 사용자 학생(영어 말하는 학생)을 위해 어휘력 개발 활동을 포함하라.
- 학생이 할당받은 활동을 마쳤을 때 할 수 있는 수준별 정착(앵커) 활동을 제공하라(이들은 학생이 주제의 주요 아이디어를 탐색하고 확장하는 것을 돕도록 설계된 흥미 선택을 포함해야 한다).
- 앞서 나가는 학생을 위해 교육과정을 간소화하라.
- 더 많은 선택을 할 수 있도록 몇 가지 대안적 숙제를 부과하라.

일상 속 차별화의 예: 우등생을 잊지 말라!

차별화를 필요로 한 가족 이야기 세 가지가 있다.

- 나의 딸이 3학년이 되었을 때, 그녀는 조용한 학생이었다. 그녀는 수업 과제를 쉽게 해 갔지만 워낙 부끄러워했기 때문에 교사는 그녀에 대해 충분히 알지 못했다. 그 해에 그녀는 여러 교사가 가르치는 학급에 있었다. 교사 중 한 명은 나의 딸이 수학 문제를 푸는 방식에 대해 어리둥절해했다. 그 교사에 의하면 나의 딸은 항상 옳은 정답으로 마무리했지만, 과제와 관련 없는 것을 그리고 있었다. 교사는 나의 딸이 왜 이런 행동을 하는지 이해하지 못했고 나에게 알아봐 달라고 요청했다. 내가 딸에게 물었을 때 그녀는 웃었고 교사에게 말하지 말아 달라고 청하며 "나는 다른 학생들이 다 하기 전에 제출하고 싶지 않았어요. 만약 내가 그렇게 하면 선생님은 나에게만 다른 지문을 줘요."라고 말했다.

- 반면, 나의 아들은 선생님께 잘못된 질문을 하였을 때 어떤 일이 일어나는지 알아차렸다. 그가 7학년이었을 때 그의 과학 선생님은 나에게 그가 한 달 전에 학급 전체 앞에서 그녀를 당황하게 했다고 불평했다. 그리고 그녀는 아들을 상담사에게 보냈다. 나는 아들이 그 이야기에 대해 언급하지 않아서 마음의 준비가 되지 않았기 때문에 교사의 이야기에 불안했다. 나는 교사가 일어난 일에 대해 설명을 시작할 때 마음을 다잡았다. 그녀는 물리적 특성이란 보고, 만지고, 느낄 수 있는 것이라고 학급에 설명했다. 나의 아들은 '뻔뻔하게' 손을 들고 물었다. "현미경으로만 볼 수 있는 특성은 어떤가요, 물리적이지 않은 것인가요?" 교사는 그가 한 질문이 단지 그녀를 어리석게 만들려고 한 것이라 확신했다. 그러면서 그녀는 나의 아들에 대한 불평을 장황히 늘어놓았다. 그는 다시는 절대 손을 들지 않았다. 그는 이미 모든 것을 알고 있었다. 그는 항상 창 밖만 바라보고 있었다. 그때 내 얼굴이 화끈거렸다. 나는 교사에게 내 아들은 모든 것을 알지 못한다고 확실히 말하고 아들에게 몇몇 개별적 연구에 도전하도록 제안했다. 교사는 마치 내가 이중인격자인 듯 바라봤다.

- 주치의의 아들이 2학년이 되었을 때, 그는 학교의 영재 프로그램에 속해 있었다. 그 프로그램은 쉬는 날에 진행되었기 때문에, 그는 되도록 거기서 나오기를 바랐다. 그러나 그는 누구도 실망시키고 싶지 않았다. 잠시 동안 이 프로그램에 대해 생각한 후 그는 아이디어를 얻었다. 테스트나 퀴즈를 받을 때마다 그는 모든 질문에 정확히 대답했고, 그리고 80점대의 점수를 받기 위해 몇 가지 답을 바꿔야 하는지 알아냈다. 그는 선생님이 그가 그 프로그램에 참가하기에 부족하다고 생각하지만 진실이 어떻게 돌아가고 있는지는 알지 못하게 하기로 결심했다. 그의 시험 점수는 여전히 믿을 만한 수준이었기 때문이다. 그는 계산을 하고 그때마다 옳은 정답의 번호를 지웠다. 물론 결국 교사들은 모든 것을 알게 되었다. 그의 어머니가 이 사실을 알게 되었을 때 아들의 마음을 이해했다. 쉬는 날에 영재프로그램에 참가하는 것은 좋지 않다고 생각하여 어머니는 그를 거기서 나오게 했다.

상위 학습자들은 도전의식과 자극을 느낄 수 있도록 차별화 문제에서 고려되어야 한다.

교실에서 몇 분간만이라도 어린 학생들을 가르쳐 본 사람이라면 누구든 차별화의 절박한 필요성에 대해 이해할 것이다. 이에 대해 의문을 품는 교육자는 거의 없지만 중요한 문제는 어떻게 운영 가능한 방법으로 수업을 차별화하는가 하는 것이다. 어떻게 이것들이 성취될 수 있는지에 대한 실제적 제안은 너무 부족하며 그것이 바로 우리가 이 장에서 검토할 것들이다. 우리는 또한 서로 다른 학생들이 다양한 방식으로 같은 목표를 추구하는 교실을 쉽게 운영할 수 있는 전략을 살펴볼 것이다.

학생은 서로 다른 기능, 학습 방식, 다양한 관심사를 가지고 교실로 온다. Wendy Conklin(2006)에 의하면, 교사가 수업을 차별화하는 데에는 세 가지 기초적인 방법이 있다. 내용(수업에 사용되는 자료와 제재), 과정(우리가 학생이 배우고 있는 것을 이해하도록 하는 방법), 결과물(학생이 배운 것을 어떻게 공유할 수 있는지)을 통해서다.

당신은 이 세 가지 범주 사이에서 몇 가지가 겹치는 것을 알아차릴 것이다. 당신이 제공하는 내용, 당신이 사용하는 과정, 당신이 요구하는 결과물을 동시에 차별화하는 것도 가능하다. 하지만 당신이 차시 수업을 공식적으로 차별화하여 계획하는 것이 처음이라면 아마도 한 가지부터 시작하는 것이 가장 좋을 것이다.

이들 차별화 구조들 각각은 별개로 검토될 것이다. 이 책의 마지막 부록(부록 E, F, G, 190-194쪽)에서 구조화를 통한 구체적인 수업 차별화 기법을 찾을 수 있다.

내용 차별화

Richard Allington의 글에서처럼 '당신은 읽지 못하는 책에서 많은 것을 배울 수 없다.' 만약 학생이 단지 책을 해독하느라 고군분투한다면 그들은 읽은 새로운 정보를 이해하고 필요한 연결 관계를 찾는 데에 정신적 에너지를 사용하지 못할 것이다. 서로 다른 기능 수준의 학생들은 같은 개념을 다루지만 읽기 난이도, 복잡성, 추상성 면에서 다양한 자료와 제재에 접근할 기회를 가져야 한다. 서로 다른 수준으로 기능을 수행하는 학생들의 요구를 충족시키는 것은 단지 읽기 수준을 올리거나 내리는 것이 아니다. 교육과정의 숙달을 증명하는 앞서 나가는 학생들은 정규적으로 배우는 범위를 넘어서는 자료가 필요하다. 그들은 정규 교육과정에 비해 간소하거나 시간을 적게 소비하고 기회를 확장하고 풍부하게 할 시간을 들일 수 있다. 이 학생들은 보다 정교한 텍스트와 다른 자료들로부터 득을 본다. 당신은 그들에게 보다 모호하고(그럼으로써 해석의 여지가 있는), 흥미롭고, 새롭고, 때때로 논란이 되는 방식으로 개념을 다루는 텍스트를 제시하길, 원할 수도 있다. 앞서 나가는 학생은 교사가 지원하는 지휘가 적어도 활동을 할 수 있다. 하지만 다른 학생과 마찬가지로 당신은 정기적으로 그들이 배우고 있는 것에 대해 토의하고, 그들이 새 목표를 설정하고 달성하도록 도울 필요가 있다.

반면, 하위 기능 수준의 학생은 더 간단하고 덜 모호한 텍스트를 필요로 한다. 그들은 삽화, 설명, 외부 자료에 의해 지원되는 텍스트가 필요할 수도 있다. 이 학생들은 학습과 동시 지원을 요구하기 일쑤다. 아마도 당신은 그들을 자주 만나 그들이 옳은 길로 가고 있음을 확인해 주고, 질문에 대답하고, 노력을 격려해 주며, 혼란스러워할 때 도울 필요가 있을 것이다. 영어를 습득 중인 학습자는 추가 맥락을 제공하는 자료들이 필요하다. 그들은 삽화, 그림사전, 번역 자료, 단어 은행, 비디오클립 혹은 그들의 모국어로 그들이 배우고 있는 것을 이해시켜 줄 사람을 필요로 할 것이다. 이런 학생들과 고군분투하는 모국어 사용자들을 위해 부족한 배경지식을 채우는 것을 도울 시간이 필요할 것이다.

학생의 요구는 그들이 배우고 성장함에 따라 계속 변한다. 학생을 자주 살펴보고 그들이 말하는 것을 들음으로써 당신은 즉각적 도움이 필요한 사람과 개별적으로 활동할 준비가 된 사람을 확인할 수 있다. 때로는 혼란스러워하는 학생에게 하는 몇 마디와 비슷한 요구를 가진 집단에 맞춰진 짧은 강의가 영향을 줄 수 있다.

내용을 차별화할 때 당신이 고려해야 할 것 두 가지가 있다. 학생의 흥미와 학습 방식(혹은 학습 선호도)이다.

학교에서 교육과정은 대개 진도 나가기의 압박을 주는 주제들로 너무 가득해서 우리는 학생에게 그들이 관심 있는 것을 고를 기회를 거의 주지 못한다. 언제나 가능하진 않더라도 학생에게 자신이 읽을 텍스트나 공부할 주제를 선택하게 하여 더 깊은 참여를 이끌라. 그것은 그들의 자연스러운 호기심, 자율성에 대한 열망, 존중받고 싶은 요구, 유능감을 느끼고 싶은 요구를 기반으로 한다. 학생이 선택하도록 하는 것은 흔히 투지, 집중, 그리고 궁극적으로는 성공을 훨씬 더 보장할 것이다. 그것은 또한 학생에게 개별적 학습에 필수적인 기능을 제공한다.

학생의 흥미에 따라 수업 내용을 차별화하는 방법이 몇 가지 있다. 학생에게는 독자 워크숍 모형이나 문학 동아리(책 모임)를 통해 읽을 책을 선택할 기회가 주어진다. 그들은 또한 개별적 연구에 참여하여 공부하고 싶은 주제를 선택할 수도 있다. 만약 모든 학생이 같은 주제를 공부하고 있다 해도 그들이 주제의 어떤 측면을 깊게 탐구하고 싶은지에 대한 선택권을 제공할 수 있다.

내용 차별화에 관한 마지막 고려 사항은 학생의 학습 방식 혹은 선호도다. 저술된 텍스트만이 유일한 정보원은 아니다. 이 디지털 시대에 이르러 텍스트 자체의 정의가 광범위해져 왔다. 다양한 정보원에 접근하는 것은 그 어느 때보다 더 쉬워졌다. 예술, 음악, 운동, 자연, 수리 삼사을 통해 최상의 학습을 하는 학생은 이제 그들의 학습 방식과 일치하는 그림, 비디오클립, 통계적 분석, 노래에 접근할 수 있다. 다양한 교육 출판사들에 의해서 교사도 많은 1차 자료를 사용 가능하게 되었다. 여기에는 원본 글, 광고, 포스터, 사진, 기타 더 많은 것이 포함될 수

있다. 이제 새로운 '텍스트'는 오늘날 사용 가능한 기술 및 교육 자료들을 통해서
학급에 쉽게 융화될 수 있다. (내용을 차별화한 수업에 대한 구체적 기법에 대한 설명
으로 190-191쪽 부록 E의 표를 참고하라. 이 기법들은 학생의 기능 수준, 흥미, 학습 방식
을 근거로 한다. 이 표는 차시 수업 예시를 포함하여 이 전략들이 교실 환경에서 어떻게
드러나게 될지 우리가 알 수 있도록 한다.)

과정 차별화

수업을 차별화하는 데 있어 훌륭한 의도와 특별 설계 프로그램을 가지고 있더
라도, 우리는 때때로 핵심을 벗어난다. 정규 학급 환경의 일부로서 수업을 차별화
하여 모든 이가 혜택을 입을 수 있도록 하는 것이 가장 좋다. 이것은 과정 차별화
의 근본이다.

학습 과정은 학생이 공부하고 있는 것을 이해하는 방식이다. 당신은 학생을 같
은 목표로 이끄는 대안적 활동을 제공함으로써 학생을 위한 학습 과정을 차별화
할 수 있다. 당신은 활동의 초점을 서로 다른 기능 수준에서 수행하고, 서로 다른
학습 방식, 흥미, 재능, 성향들을 가진 학생들에게 맞출 수 있다. 이것을 달성하는
방법이 많이 있다.

질문을 통한 과정 차별화

수업 과정을 차별화하는 가장 간단하고 확실한 방법은 질문을 통해서다. 최고
의 시나리오는 학습의 중심에 있는 사람, 즉 학생으로부터 질문이 나올 때다. 많
은 질문을 하고, 그 질문들에 대한 대답을 탐색하도록 학생들을 격려한다면 그들
이 수동적인 학습자가 되는 것을 막을 수 있다. 그것은 또한 그들의 호기심이 더
큰 이해로 이어질 수 있다는 메시지를 줄 수 있다. 학생의 질문을 환영하는 것은

그들에게 혼란을 느낄 때 도움을 구하도록 격려한다. 질문의 복잡성을 다양화하는 구체적 기법들이 있는데 이들 중 일부가 과정 차별화에 대한 표에서 상세하게 설명될 것이다(192-193쪽, 부록 F 참고).

과제를 통한 과정 차별화

학생들의 서로 다른 기능 수준에 근거하여 제시하는 과제를 차별화하는 간단한 방법이 몇 가지 있다. 한 가지 방법은 과제 범위를 좁히거나 넓혀 복잡성을 다양화하는 것이다. 힘겨워하는 학생과 영어 습득 중인 학습자를 위해 당신은 요구사항을 제한하여 과제의 범위를 좁힐 수도 있다. 비디오클립, 삽화, 도표와 같은 추가적인 자료를 제공함으로써 맥락을 추가할 수도 있을 것이다. 또한 배경지식의 격차를 메울 수 있도록 하기 위해 과제를 감당할 수 있을 정도로 쪼개거나 추가적 활동을 제공할 수도 있을 것이다.

앞서 나가는 학생을 위해서는 추가적인 개방형 질문들을 제공하거나 해석을 요하는 과제를 제시함으로써 활동의 범위를 넓힐 수 있다. 또한 보다 복잡하고 진전된 사고를 요하는 과제를 제시하거나 학생이 개별적 연구를 하도록 요청할 수도 있다.

교육의 과정을 차별화하는 두 번째 다른 방법은 학생에게 선택권을 주거나 탐구기반 학습에 참여하도록 하는 것이다. 선택중심 학습(choice-based learning)에서 학생은 자신의 흥미, 선호도, 혹은 학습 방식에 기초하여 어떤 활동을 완료할지 결정한다. 탐구기반 학습에서 학생은 자료들을 탐색하고 흥미와 사고를 유발하는 문제들을 해설하도록 노력하니 그들만의 방식으로 의미를 구성할 수 있다.

(과정을 차별화하는 몇 가지 구체적 전략을 192-193쪽 부록 F의 표에서 볼 수 있다.)

결과물 차별화

> "차별화 교육과정에 있어 가장 중요한 것은 학생의 차이를 존중하고 그것에 반응을 보이는 것이다."
>
> – Jeanne Purcell & Deb Burns, 2004

교사는 학생이 그들의 새로운 개념을 숙달했음을 증명하기 위해 생산해야 할 결과물을 차별화할 수 있다. 내용과 과정 차별화처럼, 결과물 차별화는 몇 가지 다양한 방식으로 달성될 수 있다.

결과물을 차별화하는 가장 간단한 방법은 학생에게 자신의 이해를 어떻게 증명하길 원하는지 선택하게 하는 것이다. 학생에게 생산할 결과물의 종류를 선택할 기회가 있다면, 그들은 더욱 그 일에 투자할 것이고 잘 하기 위한 동기를 얻을 것이다. 그들은 또한 새로운 자료로부터 관련성을 찾는 데에 자신들의 자연스러운 흥미와 재능을 사용할 수도 있을 것이다. 학생이 선택한 것들 중에서 교사가 사용할 수 있는 대안적 결과물에 대한 아이디어를 많이 얻을 수 있다. 그러나 때때로 학생이 하고 싶은 프로젝트나 발표의 유형을 생각하는 것 자체가 학생에게 동기를 부여한다. 학생에게 하고 싶은 것을 선택하게 하고자 한다면 그들이 평가에 사용될 기준을 확실히 알도록 하고, 시작하기 전에 당신의 승인을 받도록록 하라.

학생에게 줄 선택권의 유형과 관련하여 두 가지 중요한 변수가 있다. 학생은 수업 목표를 완전히 이해해야 하고 자신의 노력이 어떻게 평가될지에 대해 이해해야만 한다.

　여기서도 학생의 기능 수준에 근거하여 결과물을 조정하고 차별화할 수 있다. 학년 수준 이하의 학생과 영어 습득 중인 학습자에게 범위가 좁혀지고 보다 구체적인 사고를 요구하는 수행 요건을 제시할 수 있다. 학년 수준 이상의 학생에게는 더 복잡하고 발전된 방식으로 그들의 사고를 증명하도록 요구할 수 있다. 그렇게 하려면 모든 학생이 개인적으로 도전할 만한 과제를 하고 있으며 그들이 학습한 것을 학급에 공유할 기회를 가진다는 것을 확신시켜라. (194쪽 부록 G에서 결과물 차별화 수업에 대한 구체적 전략을 확인할 수 있다.)

결론

　학생은 폭넓고 다양한 배경지식과 능력을 가지고 교실에 모이고, 모든 교사는 수업의 초점이 학생의 서로 다른 요구에 맞춰져야 함을 통감한다. 더 난감한 문제는 이를 어떻게 감당할 수 있는 방식으로 하느냐는 것이다. 교사는 내용(그들이 사용할 자료와 제재), 과정(학생이 정보를 어떻게 이해하는지), 결과물(학생은 자신의 이해를 어떻게 증명할지)을 차별화할 수 있다. 다행히도 교사가 효율적으로 그리고 효과적으로 수업을 차별화하는 데 사용할 수 있는 구체적 기법들이 있다.

탐구문제

1. 왜 차별화 수업이 필요한가?

2. 당신은 백워드 설계 모형을 사용하여 어떻게 차별화 수업을 계획할 것인가?

3. 당신이 수업의 내용, 과정, 결과물을 차별화할 수 있는 구체적인 방법 세 가지는 무엇인가? 당신의 교실에서 이 유형의 차별화를 조직하여 차시 수업이 매끄럽게 운영되도록 하기 위해 필요한 것은 무엇인가?

4. 각 학생의 경험이 적절한 정도의 도전의식을 일으키도록 하려면 당신의 발문 기법을 어떻게 다양화할 수 있는가?

제9장 # 차별화 수업하기와 결론

"차별화는 내가 하는 수업이 훌륭하다고 생각되도록 하기 위해 내가 하고 있는 것이다. 나는 차이를 다루기 위한 계획을 세웠고, 학생이 하고 있는 것과 나에게 알고 있음을 보여 준 것을 계산에 넣었다. 나는 서로 다른 학생들에게 요구할 수행과, 사용하도록 할 자료와, 내가 할 질문의 유형을 어떻게 일치시킬지 곰곰이 생각했다."

– Jeanne Purcell & Deb Burns, 2004

앞의 장에서 설명된 차별화 전략을 사용하는 것은 당신이 모든 학생에게 다가설 수 있도록 한다. 그러나 학생이 직접 해 보는 활동들에 많이 참여하는 학습자 중심의 학급을 운영하는 것은 강력한 운영 기술을 요한다. 많은 시간 동안 당신은 소규모 활동과 학생 개인과의 협동으로 바쁠 것이다. 서로 다른 유형의 수업을 제공하기 위해 당신은 학생이 가능한 한 개별적으로 활동할 수 있도록 교실 환경을 구성해야 한다. 당신은 학생이 자급자족적이고 성공적일 수 있도록 하는 절차를 그들에게 가르쳐야 한다. 이제부터 우리는 차별화 수업을 다루기 쉽게 하는 기법을 몇 가지 살펴볼 것이다.

교실 환경 조성

학생이 참여하고 탐색할 수 있게 하는 방식으로 교실 환경을 조성하는 것이 중요하다. 책상이 항상 줄지어 있고 당신은 항상 교실 앞쪽에 있다면 학생이 의미 있는 토의를 하거나 소그룹 활동을 하기 어렵다. 교실이 크다면 전체 학급과 활동할 영역이나 소그룹 활동을 할 영역을 지정해 두는 것이 가장 좋다. 교실이 작을 때에도 학생이 개별적으로 활동하거나 서로 함께 활동할 수 있도록 가구를 옮길 수 있다.

자 원

당신의 수업 자료는 당신이 쉽게 접근할 수 있어야 하고 학생의 학습에 필요한 자료는 학생이 쉽게 접근할 수 있어야 한다. 이는 학생이 수업을 방해하지 않고 빠르고 효과적으로 필요한 것을 가져오고 되돌려 놓을 수 있도록 자료를 구성해야 함을 의미한다. 교실 책장은 학생이 필요한 것을 찾기 쉽게 만드는 방식으로 정리되어야 한다. 과제를 완성하기 위한 자료(종이, 마커, 크레용, 풀, 가위, 자 등)는 학생의 손이 닿는 곳에 항상 비치되어 있어야 한다. 다음은 차별화 교실에서 자료와 재료를 정리하기 위한 팁이다.

- 가르치고 있는 주제나 과목에 대한 서로 다른 읽기 난이도의 자료를 미리 모으라. 인터넷에서 많은 자료를 다운받을 수도 있고, 학교나 지역 공공 도서관은 다양한 읽기 난이도 수준의 정보를 얻을 수 있는 훌륭한 장소다. 학생이 필요할 때 쉽게 가져갈 수 있도록 이들 자료를 배치하라.
- 영어 습득 중인 학습자와 학년 수준 아래의 학생이 새로운 자료를 이해하는 것을 돕기 위해 가능한 한 많은 삽화, 사진, 표, 그래프, 비디오클립, 그림사전, 유의어 사전, 기타 자료들을 모으라.
- 학급 도서와 글 일부를 쉽게 접근할 수 있는 다른 방식으로 정리하라. 자료들은 주제, 수준, 장르별로 정리될 수 있다. 학생이 그것들을 훑어보기 쉽도록 일부 자료를 라벨 붙인 바구니나 통에 담으라.

자료 관리하기

학생은 자료를 가져오고, 사용하고, 다시 돌려놓는 데 포함되는 절차를 연습해야 한다. 당신은 교실이 매끄럽게 흘러가도록 하기 위해 학생이 따라야 할 다양한 절차에 대해 생각해야 한다. 당신은 그 절차를 차례대로 설명하고, 그것들을 시범 보이고, 학생이 익숙해질 때까지 그것을 연습하도록 해야 한다. 아래에 차별화 과제를 나눠 주고 모으는 데 있어 고려할 수 있는 팁이 몇 가지 있다. 이들 중 다수는 Wendy Conklin의 『차별화 전략의 적용(*Applying Differentiated Strategies*)』 (2009)에서 끌어왔다.

- 당신이 차별화 과제를 수준에 따라 쉽게 구별할 수 있도록 상징적 부호를

붙이라. 활동지를 나눠 줄 때 가장 어려운 것이 아래에 가고, 보통의 것이 중간에 오며, 가장 쉬운 것들이 위에 오도록 쌓으라. 당신이 재빠르게 각각의 학생에게 맞는 과제를 분배할 수 있도록 등급화된 과제를 손가락 사이에 끼우라.

- 그 과정을 보다 효율적으로 만들기 위해 차별화 활동지를 나눠 주기 전에 학생들의 이름을 쓰라.
- 당신이 부여하려 하는 활동 각각에 대한 모든 자료를 미리 준비하여 쉽게 분배할 수 있게 하라. 예컨대, 당신은 특정 학생 집단이 필요로 할 자료를 다른 상자에 넣을 수 있다.
- 차별화 활동 통을 교실의 서로 다른 장소에 배치하고 학생이 자신의 활동을 올바른 곳에서 집어가도록 안내하라. 이로써 다른 학생에게 다른 활동지가 배부되는 문제를 피할 수 있다.
- 과제 수합을 위해 지정된 상자들을 놓아두라.

개별적 과업과 그룹 과업

서로 다른 과제에 매진하는 학생 그룹을 운영하기 위해 당신은 학습의 책임을 점진적으로 학생에게 이양하도록 시간을 짜야 한다. 학생이 달성하길 원하는 것이 무엇이든 그것을 모델링하여 시작하고, 그들이 개별적으로 혹은 소그룹에서 활동을 시작하도록 안내하고, 그들에게 개별적 혹은 집단 탐구를 위한 적절한 시간을 제공하고, 그들이 학습한 것을 공유하도록 하라. 학생이 활동할 때 당신은 학생이 맡은 대로 생산적으로 하고 있음을 확신시키고 그들이 목표를 설정하거나 성취하는 것을 돕기 위해 교실을 순회하고 학생과 협의해야 할 것이다. 당신은 학생들이 서로를 도와 모든 것에서 당신에게 의존하지 않도록 훈련시켜야 할 것이다. 다음에 차별화 그룹 활동을 운영하기 위한 몇 가지 팁이 있다.

- 당신이 학생에게 하길 원하는 것에 대한 모든 측면을 시범 보이라. 학생이 사용하길 원하는 전략을 당신이 어떻게 사용하는지 시범보이라. 생각을 입 밖으로 소리 내어 말하라. 학생에게 활동을 하면서 자신의 생각을 어떻게 기록하길 원하는지 분명히 보이라. 학생이 개인별 혹은 소그룹별로 활동하기 전에 당신 앞에서 그들이 하길 원하는 것을 연습할 기회를 제공하라. 당신은 또한 시선을 주고받고, 자신의 차례를 기다리고, 모두에게 발언권을 주고, 부과된 대로 과제를 수행하고, 공손하게 이견을 표하고, 다른 이들을 돕는 것과 같은 사회적 기능을 가르치고, 본보이고, 역할놀이를 하게 하라.
- '세 가지를 한 뒤 교사에게 묻기' 방침을 도입하라. 학생에게 당신의 도움을 구하기 전에 세 가지 방법으로 그들 스스로 답을 찾으려 시도하길 원한다는 것을 설명하라.
- 학생이 자신의 활동을 시작하기 전에 모든 효과적 단체 활동 규칙을 검토하라.
- 당신의 지시 사항을 분명히 하고 모든 이가 각각의 활동을 하기 전에 그들에게 기대되는 것에 대해 알도록 하라. 당신은 학생에게 지시 사항을 다시 말해 보게 할 수 있다. 당신은 영어 습득 중인 학습자와 학년 수준 아래의 학생들에게 개별적 활동, 짝 활동, 소그룹 활동을 시키기 전에 그들과 더욱 강도 높은 활동을 해야 할 것이다.
- 같은 주제를 공부하고 있거나 비슷한 기능 수준에 있는 학생이 서로의 근처에 앉아 서로 도울 수 있도록 하라.
- 가능하면 영어 습득 중인 학습자의 그룹을 영어와 그들의 모국어 둘 다에 유창한 다른 학생들과 구성하여, 그들이 시기적절한 도움을 얻을 수 있도록 하라.
- 모든 학생이 과제를 성공적으로 완성하는 데 필요한 자료와 재료를 쓸 수 있도록 보장하라.
- 학생이 스스로 제기한 문제를 해결하도록 돕기 위해 모둠별 활동 중에 교실을 순회하라.
- 학생에게 어떻게 서로를 건설적인 방식으로 도울지에 대해 가르치라. 학생에게 서로 피드백을 주고받을 구조화된 기회를 제공하라.

- 학생이 자신이 하고 있는 활동을 반성하도록 하라. 학생들이 사용했던 전략 중 자신에게 가장 유용한 전략에 대해 말하도록 하라. 그들이 스스로의 학습과 그들 모둠의 학습을 비평하도록 하라. 그들은 다음과 같은 질문에 대답할 수도 있다. 무엇이 당신에게(혹은 당신의 모둠에게) 쉬웠고 왜 그런가? 무엇이 당신에게(혹은 당신의 모둠에게) 어려웠고 왜 그런가? 당신 모둠 활동의 규칙은 무엇이었으며 당신은 얼마나 잘 수행했는가? 다음 활동에서 질을 개선하기 위해 당신이(혹은 당신 모둠이) 무엇을 할 수 있는가?

- 흥미롭고 적절한 정착(앵커) 활동 혹은 구조화된 활동을 준비하여 그들의 과제를 일찍 끝낸 학생 개인이나 그룹이 그것을 하도록 하라. 이들 활동의 내용과 질은 중요하다. 아무 생각 없이 부과한 과제는 교육을 저해하므로 활동을 더 바쁘게 만드는 것은 역효과를 낳는다. 또한 학생이 과제에 효율적이라면 그 보답이 반복적이고 지루한 무엇인가를 하게 되는 것임을 그들이 금세 알아차린다. 정착 활동은 의미 있고 즐거워야 한다. 그들은 추구되고 있는 목표를 확장한다.

성적 관리하기

당신은 진행되고 있는 학급 전체, 소그룹 및 학생 개인의 진전을 파악하고 있어야 한다. 이는 다양한 방식으로 행해질 수 있다. 당신이 전통적인 성적표를 사용한다면, 당신은 성적 처리하고 있는 것에 라벨을 붙여야 할 것이다. 또한 당신은 개별 성적 대 모둠별 성적에 색상으로 표시하기를 원할 수도 있다. 당신이 일화를 꾸준히 기록한다면, 당신은 각 학생별로 지정된 공책을 사용하여 당신이 목격한 진전 상황과 당신이 관심을 가지는 것, 개별적 요구를 충족시킬 아이디어 등을 재빨리 기록할 수 있다. 당신은 또한 학생에게 반성 활동지를 제공하여 그들이 계속해서 그들 개인별 활동과 모둠 활동의 질을 평가하도록 해야 한다.

결 론

중국의 철학자 노자(Lao Tzu, *BC 604-531*)는 "수천 마일의 여행은 단 한 걸음에서 시작된다."라고 말했다. 교사로서 당신은 미래를 움직일 힘이 있다. 당신의 과목에 대한 지식, 효과적 수업에 대한 이해, 학급 운영 능력, 학생의 요구에 대한 민감성, 사려 깊은 계획은 당신은 맡은 어린 학생들의 마음을 열 수 있는 수단이 된다. 당신은 학생의 호기심을 자극하고 그들이 성공하기 위해 필요한 스케폴딩을 제공할 수 있다. 당신은 그들의 미래 삶에 중대한 영향을 끼친다. 인생을 잘 보내는 것에 대해 이야기하는 것이다.

이것은 여행이며 긴 안목으로 보면 당신은 이 여정 속에 있으므로 편안하게 생각하는 것이 중요하다. 당신이 백워드 설계 원리를 처음 사용하여 단원을 계획하고 있다면 작은 것부터 시작하고 되도록 다른 이들과 협력하라. 당신이 가르치는 것을 즐기고 열정을 보이는 내용으로부터 시작하라. 당신의 요구를 충족시키고 다루기에 가장 쉬운 차별화 기법을 사용하라. 완벽하게 하는 것에 대해 걱정하지 말라. 당신이 실천과 학생들에 대한 민감성에 대해 반성할 때 당신은 항상 그 길 위에서의 변화를 만들 수 있어야 한다.

당신이 백워드 설계 원리를 효과적이고 효율적으로 사용할 수 있는 방식은 많다. 그러나 학생에게 영속적 이해를 가르치기 위해 기초적인 것을 명심하라. 바로 최종 목표로부터 시작하는 것이다. 당신의 학생이 '이해했음'을 증명하기 위해 해야 할 것들을 결정하기 위해 백워드로 작업하라. 마지막으로, 학생이 의미를 구성할 수 있게 할 차시 수업을 설계하는 데 초점을 맞추라.

당신이 이 과정을 계속한다면, 당신은 학생이 추구하고 있는 목표에 도달하는 것을 도울 수 있는 훌륭한 기회를 갖게 될 것이다. 당신의 여행을 따라가며 성공을 기록할 것을 기억하라. 당신이 스스로의 기술을 개선하기 위해 기꺼이 새로운 것을 해 보려 한다는 사실은 이미 이 전문 분야의 가장 높은 자리를 석권하도록 한다.

이제 당신의 여정을 즐기라! 당신이 하는 것이 모든 변화를 만든다.

탐구문제

1. 당신이 가진 제약이 무엇이든 간에 수업을 차별화할 수 있도록 교실 환경을 최상으로 구성하기 위해 무엇을 할 것인가?

2. 학생이 개별적으로 활동할 수 있도록 하기 위해 당신의 교실에서 자료를 정리하고 관리할 수 있는 몇 가지 방식은 무엇인가?

3. 모둠 활동을 가장 잘 관리하고 개인별, 모둠별 진전 상황을 계속 기록하기 위해 어떤 시스템을 시행할 수 있는가? 당신은 이 아이디어에 대해 학생과 어떻게 의사소통할 것인가? 관리자들과는? 학부모와는 어떻게 소통할 것인가?

부록

Backwards Planning

부록 A

점진적 책임 이양 모형

효과적인 교수는 학습의 책임이 학생에게 점진적으로 이양될 때 발생한다. 이 모형은 Pearson과 Gallagher(1983)가 만든 것으로, 여기에는 몇 단계가 포함된다.

국면	포함된 단계
모델링 혹은 시범	• 가르치려고 하는 새로운 개념이나, 아이디어, 전략을 설명하고 시범 보인다. 10~15분간의 짧은 강의를 통해 학생들에게 기대되는 것이 정확히 무엇인지 보여 주면서 생각하는 것을 입 밖으로 소리 내어 말한다. 학생이 사용하기를 원하는 절차와 전략을 어떻게 사용하는지, 생각을 어떻게 기록하기를 원하는지 등에 대해 시범 보인다. • 학생은 듣고 관찰하면서 제한된 방식으로 참여할 수 있다.
안내된 연습	• 당신이 시범 보였던 것을 독립적으로 행하기 시작할 때까지 학생과 상호작용하고 안내한다. 당신은 명확히 말해 주고, 코치하고, 학생들에게 반응을 보이고, 제안하고, 학생은 당신의 안내하에 듣고, 반응하고, 질문하고, 서로와 협동하고, 새로 배운 것을 실행해 보도록 한다.
독립적 연습	• 학습의 책임을 학생에게 이양한다. 학생은 연습하고, 문제를 해결하고, 스스로 수정하고, 새로운 개념과 기능을 독립적으로 수행하기 위해 많은 시간을 필요로 한다. • 학생이 하고 있는 것을 관찰한다. 그들과 협의하고, 질문에 답하고, 그들이 문제에 대해 생각하도록 고무하고, 가질 수 있는 오해에 대해 명확히 한다. • 힘겨워하는 학생에게 스케폴딩 혹은 집중 지원을 제공하여 모든 학생이 성공할 수 있도록 한다. 학생이 지루해하거나 괴로워하거나 낙심하지 않도록 자료와 자원을 그들 수준에 맞게 사용하는 것이 중요하다. 그들이 더 이상 스케폴딩을 필요로 하지 않을 때 그것을 제거하여 학생이 의존하지 않도록 한다.

적용	• 학생은 새로 배운 것을 새로운 상황에 적용한다. 학생은 자기주도적이어야 하고 자기평가를 해야 하며, 당신에게서 확인이나 설명을 구할 수도 있다. • 학생에게 즉각 대응한다. 학생이 필요로 할 때 격려하고 도움을 준다. 걸림돌을 만나 배회할 때 길을 찾도록 돕고, 달성 가능한 목표를 새롭게 설정하도록 돕는다.
반성과 공유	• 학생은 그들이 배우고 있는 것을 반성하고 새로운 개념을 논의하며 스스로의 발전에 대해 생각한다. 학생은 자신이 배우고 있는 정보와 그들이 사용하고 있는 전략의 유용함에 대해 반응을 보인다. • 학생에게 지속적인 피드백을 제공하고, 그들이 서로에게 피드백을 줄 수 있는 기회를 제공한다. 이것은 자신의 학습 과정에 대한 책임감을 갖고, 목표를 이해하고, 그들만의 문제를 알고, 그들이 이루고 있는 발전을 기념하도록 도울 것이다. • 학생은 자기반성을 하게 되고 자신의 학습을 통제한다.

부록 B

한눈에 보는 백워드 설계

1단계: 바라는 결과 확인하기

학생이 무엇을 알고, 이해하고, 할 수 있어야 하는가? 무엇이 이해할 만한 것인가? 무엇이 바라는 영속적 이해인가?

내용 성취기준

당신이 가르치려는 주제나 과목에 대한 국가, 주, 지역 수준의 성취기준은 무엇인가?

주요 아이디어 혹은 영속적 이해

주제에 대한 주요 아이디어나 조직 원리를 열거하라. 끊임없이 관련될 보편적 개념은 무엇인가?

본질적 혹은 안내 질문

학생의 탐구를 안내할 대단히 중요한 질문을 3~5가지 열거하라. 학생이 시간이 지나도 지식을 효과적으로 사용하도록 도울 질문들은 무엇인가?

구체적 이해

학생을 학습단원의 주요 아이디어나 본질적 목표로 이끌 구체적 이해를 얻기 하라. 학생이 이들 주요 아이디어를 중심으로 하여 어떤 구체적 이해를 얻길 원하는가? 사실적 정보를 통해 개념적 이해를 구축하는 틀을 잡는 데 있어 이들 일반적 원리가 어떤 역할을 하는가?

가능한 오해

학습을 방해할 수 있는 가능한 오해를 열거하라.

학생 목표

당신이 평가할 수 있도록 설정한 목표와 관련하여 관찰 가능하고 측정 가능한 결과를 열거하라.

학습 목표 - 가능하게 하는 지식 활성화

학생이 단원의 주요 아이디어를 중심으로 개념적 틀을 형성하도록 도울 사실, 개념, 원리들을 열거하라.

학습 목표 - 가능하게 하는 기능 활성화

학생이 효과적으로 수행하기 위해 사용할 수 있어야 할 절차, 전략, 방법을 열거하라.

최종적 활동

학생이 어떻게 수업 목표 성취를 증명할 것인가? 그들이 어떻게 그들의 작품을 발표할 것인가? 그들의 실제적 청중은 누구인가?

2단계: 수용 가능한 증거 결정하기
학습 목표와 평가 증거

왼쪽 열에 학습 목표를 열거하라. 그 학습 목표 각각에 대한 성취 여부를 판단하는 데에 어떤 수행과 서술 평가 증거가 사용될 것인지를 오른쪽 열에 명세화하라. 평가는 결과물이나, 저작물, 수행, 혹은 이해의 다른 증거를 모두 포함할 수 있다.

3단계: 학습 경험과 수업 계획하기

활동

학생이 부합해야만 하는 벤치마크에 대한 시간표나 일정표를 대강 작성하라. 그들이 수업 목표에 도달하도록 준비시킬 지원 활동도 포함하라(예: 189쪽, 부록 D).

선행되어야 할 기능

어떤 기초적 기능이 수업을 지휘할 필요가 있고 어떤 것이 학생 탐구에 가담할 것인가? 학생은 어떻게 자신이 배운 것을 적용할 것인가?

제재

단원에 필요할 만한 특정 제재가 있는가?

차별화

모든 학생의 요구를 충족시키기 위해 수업을 어떻게 차별화할 것인가(과정, 결과, 내용 면에서)? 학생의 요구, 흥미, 학습 방식에 기초하여 수업을 차별화하는 데 있어 어떤 자료, 자원, 활동들이 유용할 것인가?

부록 C

학습단원 계획

주제: _____ 　　학년: _____

단원 학습 기간: _____

1단계: 바라는 결과 확인하기	
내용 성취기준:	
주요 아이디어 혹은 영속적 이해:	본질적 질문 혹은 안내 질문:
구체적 이해:	가능한 오해:
학생 목표:	
학습 목표 – 지식 활성화:	학습 목표 – 가능하게 하는 기능:
최종적 활동:	

2단계: 수용 가능한 증거 결정하기	
학습 목표:	평가 증거:
• _____	• _____
• _____	• _____

3단계: 학습 경험과 수업 계획하기	
학생들이 부합해야만 하는 벤치마크와 최종 목표를 위해 학생들을 대비시킬 지원 활동에 대한 시간표나 일정표를 대강 작성함.	
활동:	선행되어야 할 기능:
• _____	• _____
• _____	• _____
자료:	차별화:
• _____	• _____
• _____	• _____

부록 D

생태학 단원 개관표 예시

	1일	2일	3일	4일	5일
1주 (11/1)	생태계 균형과 천연자원 도입	지역 분수령으로 견학 발견한 것 토의하기	해결되어야 할 문제에 대해 토의하기 모둠 활동: 문제에 대한 해결책 브레인스토밍	해결할 지역사회 문제 선택 이 문제에 기초하여 연구 보고서를 쓸 주제 선택	연구 과정 시작 짝을 지어 답해야 할 문제와 사용할 연구 자료 결정하기
2주 (11/8)	실험 설계에 대해 논의하기	지속할 수 없는 방식으로 자원을 사용하는 것에 대한 실험	실험 계속	실험 결과 보고	재생 가능하다 할 만한 자원에 대해 포스터 게시하기
3주 (11/15)	공익 토론회 초대장 보내기 (궁극적 활동) 연구 보고서 만들기 작업	연구 보고서 만들기 작업 계속	학생 연구 보고서 초안 쓰기 학생들의 동료 교정 집단 구성하기	동료 교정과 보고서 검토 계속	연구 보고서 작업을 수정하고 편집하기 시작
4주 (11/22)	보고서 최종 원고 작업	매거진 모으기	발표 연습	교사 및 지역사회 구성원들에게 매거진 배부	궁극적 활동: 지역사회 구성원들과의 공익 토론회

부록 E

내용 차별화 전략

차별화 기법	설명
수준별 텍스트를 활용한 단계별 수업	**기능 수준별:** 같은 본질적 개념을 포함하지만 더 복잡하게 쓰이거나 덜 복잡하게 쓰인 다양한 텍스트와 다른 자료들 **흥미 혹은 학습 방식별:** 정보를 제공하는 자료의 유형뿐만 아니라 탐색할 주제나 과목의 선택. 주의: 같은 개념을 다루지만 다양한 읽기 난이도로 쓰인 자료들은 모든 단계별 수업에서 사용 가능해야 함.
독립적 탐구	학생은 특히 흥미 있고 그들을 특정한 학습 목표로 이끄는 주제를 탐색함. 교사가 이들 주제와 관련된 텍스트나 다른 자료를 제공하거나 학생이 독립적 연구를 수행함.
학습 계약	학생은 특정 학습 목표에 어떻게 도달할 생각인지에 대해 교사와 개별적으로 명확하게 합의함. 이 계약은 그 학생이 학습할 것과 그 학습의 증거 역할을 할 평가(과제 혹은 프레젠테이션)를 규정함. 주의: 그 계약은 행동에 관한 기대 사항도 포함할 수 있음.
독자 워크숍을 통한 도서 선택	학생은 교사 안내와 함께 읽을 책을 선택함. 독자 워크숍 모형의 구조는 모델링, 유도된 연습, 독립적 연습, 반성과 공유로 이루어짐. **모델링:** 교사는 짧은 글에 대한 잠시 동안의 강의를 통해 읽기 전략을 소개함. **안내된 연습:** 학생은 모형화된 텍스트를 활용하여 모둠별로 읽기 전략을 연습함(교사의 직접적 안내하에). **독립적 연습:** 학생은 도서를 선택함(교사는 필요시 적절한 독서 수준에 맞추어 줌). 학생은 자신의 생각을 기록함. 교사는 학생과 협의하여 이해를 검사하고 사고를 심화시킴. **반성/공유:** 마지막으로 학생은 자신이 학습한 것을 학급 구성원들과 공유함.
문학 동아리 (책 모임)를 통한 도서 선택	학생은 자신이 읽고 싶은 책(짧은 이야기나 기사)을 선택함. 그들은 같은 것을 읽은 다른 친구들과 텍스트에 대해 토의함. 이 수업의 구조는 텍스트 소개, 독립적 독서 기회, 반성 및 공유를 위한 시간이 명시된 책 모임하기로 이루어짐. **텍스트 소개:** 교사는 안내문이나 기사 요약 및 텍스트의 한 단락을 읽음으로써 몇 가지 짧은 이야기나 기사를 소개하고 학생은 시사회 시간을 가짐. 학생들은 주제, 저자의 창작 양식, 읽기 난이도에 대해 정보를 많이 제공받고 결정을 함. 교사는 학생의 선택을 검토하고 책 모임을 구성함.

독립적 독서: 학생은 텍스트에서 명시된 부분을 독립적으로 읽은 뒤 분명한 초점(교사 또는 모둠원들에 의해 설정된)을 가지고 기록함.

책 모임 갖기: 같은 텍스트를 읽고 있는 학생들이 정기적인 기간을 두고 만남 (텍스트의 특정 부분이 완료된 후). 그들의 관찰에 대해 토의하고 다음 모임을 위한 목표를 설정함.

반성/공유: 읽기가 완료되면 각 모둠이 책이나 짧은 이야기, 기사에 대해 발견한 것을 발표함.

부록 F

과정 차별화 전략

차별화 기법	설명
단계별 평가	학생은 유사한 목표를 가진 유사한 과제를 완성한다. 과제는 복잡성, 추상성, 깊이 면에서 다양할 수 있으나 모두 적절히 도전의식을 북돋운다. 교사는 서로 다른 학습자들이 과제를 성공적으로 완성할 필요가 있도록 스케폴딩, 지원, 풍부한 활동을 제공한다. 모든 학생은 같은 목표를 향해 있는 활동을 하지만 그 과제들이 적절하게 도전의식을 북돋우기 때문에 성공 가능성이 커진다.
수준별로 질문하기 (Bloom의 분류표 활용)*	특정 기능 수준과 서로 다른 학생 능력에 기초하여 질문을 조정한다. 질문 수준을 학생의 지식 및 기능 수준과 적절히 일치시킨다. 기능의 발달은 다음과 같다. 기억하기(인식하기 혹은 회상하기): 정의와 다시 말하기(누가, 무엇을, 언제, 어디서) 이해하기(이해력): 의미 구성하기(왜, 비교하기, 설명하기, 예시 들기, 요약하기) 적용하기(지식을 문제해결에 사용하기): 지식을 사용하기(적용하기, 증명하기, 실행하기, 수행하기, 해결하기, 보이기) 분석하기(아이디어 및 해결책에 관한 특정 부분 검토하기): 구체적 정보의 일부, 단서, 문제의 한 부분을 검토하여 결론을 내거나, 해결책을 창안하거나, 새로운 아이디어 개발하기 평가하기(뒷받침 증거에 근거하여 어떤 것의 가치를 판단하기): 따져보기, 판단하기, 비평하기, 주제에 대한 찬성 및 반대 의견 발표하기 창안하기(아는 것을 활용하여 새롭고 다른 어떤 것 만들기): 학습되고 있는 것, 이미 알고 있는 것, 관련된 경험에 대해 생각해 보고 새롭고 다른 어떤 것을 만들기(만들기, 설계하기, 발명하기, 창안하기, 계획하기, 개발하기, 공식화하기, 생산하기, 일반화하기, 결합하기, 구성하기, 수정하기, 혹은 '만약 ~ 라면' 시나리오 밝히기)

* 여기에 제시된 동사들의 위계는 전통적인 분류학의 것과는 다르며, Anderson 등의 신교육목표분류학의 위계(강현석 외 공역 참고)를 따르고 있음.

수준별로 질문하기 (Kaplan의 깊이와 복잡성 전략 활용)	깊이와 복잡성은 서로 밀접하게 연관되며 서로를 강화하는 데에 사용될 수 있다. 학생을 굉장히 깊은 지식과 이해로 이끄는 데 유용할 수 있는 전략은 패턴 찾기, 규칙 조사하기, 주요 아이디어 이해하기, 주제에 대해 많은 시간을 두고 살펴보기 등을 포함한다.
수준별로 질문하기 (3단 지력 활용)	이는 뇌가 어떻게 작동하는지에 근거하여 Bloom의 분류표를 단순화한 형식이다. 여기에는 정보 수집, 이해를 위한 정보 처리, 정보 활용의 3단계가 포함된다.
선택 (Gardner의 다중지능에 근거)	전통적 IQ를 넘어 아동과 성인에게 있는 인간 잠재력을 설명하는 광범위한 지능 유형이다. 이 이론은 모든 사람이 각 지능 유형을 소유하고 있으나 일부의 것이 다른 것들보다 완전히 발달된다고 설명한다. 이는 다음 일곱 가지 지능 중 한 가지에 기초하여 차별화하는 것이다. 언어적, 논리/수학적, 신체/운동, 시각/공간적, 대인관계, 개인내적, 음악적 지능(자연 지능이 후에 추가되었으며, 실존적, 도덕적, 정신적 지능을 추가하는 것에 대해 숙고되어 옴)
탐구중심 학습, 문제해결학습, 창의적 문제해결	학생의 질문이 수업을 이끈다. 학생은 스스로 제기하였고 실제 세계에 뿌리를 둔 문제를 탐구하고 해결한다. 문제해결학습에서 학생은 소집단으로 활동하며 실제적 문제나 실제 세계 상황을 반영하는 문제에 대한 해결책을 찾는다. 창의적 문제해결에서 학생은 실제 세계 문제에 대한 자신들의 독창적이고 창의적인 해결책을 개발한다. 창의성은 문제를 새로운 방식으로 살펴보고, 대상을 다양한 관점에서 보며, 모호성을 견디는 것을 포함한다.
발견학습	학생은 과거 경험과 기존 지식을 사용하여 주제나 과목에 대한 사실과 관련성을 발견하고 새로운 진실을 알아차린다.

부록 G

결과물 차별화 전략

차별화 기법	설명
옵션 메뉴	교사는 학생이 바라는 목표에 도달하도록 도울 서로 다른 활동을 정한다. 과제들은 복잡성에서 차이가 있고 서로 다른 점수, 성적을 낸다. 교사는 선택권을 제시하고 학생은 완성할 것을 선택한다.
선택 게시판	교사는 수업 목표(기능, 아이디어, 개념, 일반화)로 이어질 활동의 선택지를 인덱스 카드에 작성하여 무작위의 순서로 게시한다. 카드에는 상위 수준, 보통 수준, 하위 수준, 영어 습득 중인 학생을 넌지시 비치는 상징(혹은 색)이 있어야 한다. 그들의 능숙도에 근거하여 학생은 적절한 수의 활동을 선택한다. 등급화된 활동을 성공적으로 완료한 뒤 학생은 더 높은 수준의 카드에 있는 도전적 활동을 완료하거나 고유의 활동을 만들 수 있다.
차별화된 학습 스테이션이나 센터	직접 실천하는 활동들이 교실의 특별한 곳(컴퓨터 센터 혹은 독서 센터 등)에 배치된다. 여기에는 읽기와 쓰기 과제, 학습 게임, 듣기 활동, 컴퓨터 기반 과제, 활동 구성, 역할극, 학습 교구 탐색, 학업적 대회, 연구 활동, 실험 등을 위한 서로 다른 유형의 자원 재료가 포함된다.

용어 참고
가이드

개념적 틀(conceptual framework). 학생이 주제에 대한 정보를 연결하고 의미를 구성하는 데 중심이 되는 조직 원리(혹은 이론). 예컨대, 경제학을 공부할 때 상품의 가격이 수요와 공급에 따라 달라진다는 것이 개념의 틀이 될 수 있다.

교육과정 압축(compacting curriculum). 앞서 나가는 학생이나 이미 숙달한 학생이 정규 교육과정에 시간을 덜 들이도록 하여 확장(속진)과 강화(심화) 기회에 시간을 더 투자하게 한다.

구성주의 학습(constructivist learning). 학생이 배우고 있는 것을 이해하는 능동적인 방식. 학생은 다른 이로부터 수동적으로 정보를 전달받는 것이 아니라 탐구를 통해 의미를 구성한다. 학생이 탐색하고, 협상하고, 해석하고, 아이디어를 창출하고, 문제 해결책을 조사하는 데 자신이 아는 것을 능동적으로 사용할 때 이해가 향상된다.

내용 교수 지식(pedagogical content knowledge). 특정 주제나 과목을 효과적으로 가르치는 것에 관한 정보. 이것은 학생이 주제의 중심 개념을 이해하기 위해 지녀야 할 정보와 기능에 대한 지식, 학생이 주제를 학습하는 동안 마주칠 수 있는 전형적인 어려움, 내용의 특정 측면과 씨름하는 학생들이 성공하도록 도울 수 있는 특정 전략 등을 포함한다.

다중지능(multiple intelligence). 아동 및 성인의 인간 잠재력에 관한 지능 유형은 매우 범위가 다양하기 때문에 전통적 IQ 테스트의 범위가 너무 제한적이라고 보는 이론. Howard Gardner 박사(1983)가 개발하였으며, 다중지능에 의한 차별화는 차시 수업의 초점을 학습자의 학습 선호도에 맞추는 한 가지 방법이다. Gardner는 본래 언어적, 논리/수학적, 신체/운동, 시각/공간적, 대인관계, 개인 내적, 음악적 지능의 일곱 가지 지능을 제시하였다. 이후에 자연 지능이 추가되었고 Gardner 또한 실존적, 도덕적, 정신적 지능을 추가하는 것에 대해 숙고해 왔다. 이 이론은 모든 사람이 각 유형의 지능을 다 가지지만 일부가 다른 것보다 더 완전히 발달한다는 것이다.

독립적 탐구(independent investigation). 학생이 특히 흥미를 보이고, 그들을 특정 학습 목표로 이끌어 줄 주제를 탐구하도록 구조화된 기회. 이들 주제와 관련된 텍스트와 다른 자료들은 교사가 제공할 수도 있고 학생이 연구할 수도 있다.

독자 워크숍(readers' workshop). 독립적 독서 기회가 포함된 읽기 전략에 대한 명쾌한 지도와 적절한 수준의 책을 분석하는 것을 결합한 수업 모형. 독자 워크숍은 그것이 모델링, 유도된 연습, 독립 연습, 반성과 공유를 포함하는 일련의 단계를 통해 교사의 직접적 시범에서 학생 독립으로 옮겨 간다는 점에서 점진적 책임 이양 모형을 따른다. 학생들은 독립적 활동을 하기에 적절한 수준에 있는 책을 개별적으로 선택할 기회를 가진다.

루브릭(rubrics). 학생 수행과 결과물을 평가하는 데 사용되는 평가척도 혹은 지침. 분석적 루브릭은 과제나 평가의 모든 측면에서 학생의 성공 수준을 평가하는 데 사용되는 모든 기준을 나타낸다. 기술어는 각 기준(예: 초보, 발전, 성취, 모범 수준으로 구성되는 것)마다 평가 시스템을 설명한다. 총체적 루브릭은 단지 학생의 수행이나 결과물을 전체적으로 평가하기 위한 기준만을 자세히 기술한다. 총체적 루브릭은 강조점이 탄탄하게 완성된 수행이나 결과물에 있고 학생의 약점이 중요한 분야가 아닐 때 가장 유용하다.

마음의 습성(habits of mind). 사람이 학습에 접근하는 방식에 직접적인 영향을 미치는 가치, 태도, 동기 수준, 기능.

메타 인지(meta cognition).　학습에 대한 자아성찰. 자신의 학습 과정을 분석하고 이해하여 학습이 성공적이지 않을 때 전략을 조정하는 능력. 메타 인지는 자신의 학습에 개인적으로 책임을 지는 것과 관련되며 새로운 정보를 이해하고 효과적으로 적용하는 데에 주요하다.

무기력한 지식(inert knowledge).　한 가지 상황에서 다른 상황으로 전이되지 못하는 지식.

문제해결의 전략적 접근(strategic approach to problem solving).　사람들이 새로운 문제에 접근하는 데 사용하는 구체적 전략. 여기에는 문제를 해결하기 위한 알고리즘 사용(구체적인 일련의 단계), 작전(일반적 규칙), 전략(보편적 개념)이 포함된다.

문학 동아리/책 모임(literature circle or book groups).　학생은 몇 가지 선택권으로부터 읽고 싶은 책(단편, 기사 등)을 선택할 기회를 가지고, 같은 것을 읽은 학생들과 그 텍스트에 대해 토의한다. 보통 학생은 텍스트에 대한 그들의 개인적인 반응에 초점을 두고 기록한다. 이 텍스트는 소설이나 비소설로 사용될 수 있다.

백워드 설계 혹은 설계를 통한 이해(Back Planning or Understanding by Desing).　최종 목표를 염두에 두고 계획하는 것. 먼저 수업의 바라는 결과(학생이 학습하고 있는 것을 통해 개발할 영속적 이해)를 결정한다. 그리고 학생의 탐구를 안내할 본질적 질문이나 유도 질문을 개발한다. 그다음 바라는 결과로 이어질 특정 사실적 학습 목표와 절차적 학습 목표를 결정한다. 그리고 나서 학생이 자신의 이해, 기능, 지식을 어떻게 증명할지 상세히 기술한다. 마지막으로 학생을 수업의 최종 목표로 이끌 매일의 활동을 계획한다.

벤치마크(benchmark).　학생이 특정 시점이나 특정 학년 수준에서 알아야 하고 할 수 있어야 하는 것을 자세히 설명한 성취기준으로, 수행의 척도가 된다.

본질적 질문 혹은 안내 질문(essential or guiding questions).　학습단원의 중심에 있는 질문으로, 개방형이고 사고를 유발하고 구체적 주제나 과목의 이해의 틀을 제공한다. 본질적 질문이 되려면 질문이 주제나 과목의 주요 아이디어에 대한 심오한 이해로 이어질 학문적 탐구, 조사, 비판적 사고를 조성하는 것이어야 한다.

선별평가(screening assessment).   어느 학생이 보통 수준 혹은 상위 학년 수준에 있고, 어느 학생이 성공을 위해 추가적인 지원을 필요로 하는지 확인하는 데 사용되는 도구(주로 단원이나 학년도의 시작 시점에서 시행됨).

선수 지식과 기능(prerequisite knowledge and skills).   학생이 제시되는 새로운 정보나 기능을 배울 수 있기 전에 가져야만 하는 배경 기능, 정보, 개념, 이해.

선언적 목표 혹은 지식 학습 목표(declarative objectives or knowledge learning targets).   수업의 결과로 학생이 알길 원하는 중요한 사실이나 정보로, 주제를 이해하기 위해 필요한 날짜, 이름, 사건, 대책, 공식, 어휘 등이 포함된다. 교사는 학생이 배경지식을 활성화하여 분절된 정보를 기억하고 사용하고, 새로운 자료에 대한 개인적 연관성을 찾고, 서로 다른 그들의 기억 체계를 활성화기 위해 공감각적 활동을 제공하고, 학생이 학습하고 있는 것을 반성하도록 도울 수 있다.

선택 게시판(choices board).   학생에게 선택권을 제공하여 수업을 차별화하는 전략. 교사는 특정 수업 목표로 이어지는 등급별 활동의 선택지를 인덱스 카드에 작성하여 무작위 순서로 게시한다. 이 카드들은 대개 수준이나 난이도를 의미하는 상징이나 색깔을 띤다. 학생은 적절한 등급의 카드로부터 지정된 수의 활동을 선택한다.

성과 측정(outcome measures).   대개 정부나 지역 교육청에 의해 위임되는 대규모 평가. 교사가 학생 개인, 학년 수준, 교과 영역, 수업 프로그램의 성공 여부를 결정할 수 있게 한다. 성과평가는 규준 참조 평가나 준거 참조 평가가 될 수 있다. 규준 참조 평가는 학생의 자연스러운 성취를 같은 나이 또는 같은 학년 수준 학생들과 비교한다. 준거 참조 평가는 학생의 지식이 학년에 적절한 내용이나 기능에 맞는지 측정한다.

성취기준(standards).   학생이 학습하고 할 수 있도록 기대되는 것을 상세히 묘사한 학년별 기준. 내용 성취기준은 이들 기대치를 과목별로 상세히 기술한다. 수행 성취기준은 학생들이 내용 성취기준을 충족시킨다는 것을 증명해야만 하는 방식을 명세화한다.

수준별 과제 부여(tiered assignments). 교사가 서로 다른 학생들에게 유사한 목표를 가지지만 복잡성, 추상성, 깊이가 다양한 병행 과제를 제시하여 수업을 차별화하는 방법. 그런 다음 교사는 서로 다른 학생들이 과제를 성공적으로 완료해야 하는 스케폴딩, 지원, 강화 활동을 제공한다.

수행평가(performance assessments). 학생이 지닌 기능과 할 수 있는 것을 증명해 보이도록 하는 평가. 학생은 문제해결, 과제 혹은 실험 수행, 수행 혹은 토론에 참여, 새로운 상황에서의 지식 적용을 요하는 연습, 활동, 과제를 완료하도록 요구될 수 있다.

스케폴딩(scaffolding). 교육과정의 서로 다른 측면에 대해 힘겨워하는 학생을 돕기 위해 고안된 집중 지원.

시뮬레이션(simulation). 실제와 유사한 시나리오를 통한 상황, 행동, 과정. 학생은 관련된 개념들에 대한 그들의 이해와 지식을 적용하는 그들의 능력을 판단하기 위해 시뮬레이션에 반응하도록 요구된다. 예컨대, 고등학교 생태학에서 학생은 지역 저수지의 물고기가 괴사한 것에 대한 시나리오를 기상 조건, 하수 오염 문제 등에 대한 자료와 함께 제공받고 이 문제를 어떻게 해결할지 밝히도록 요구될 수도 있다.

실제적 과제/참평가(authentic assignments/assessments). 학생이 자신의 지식과 기능을 사용하여 교실 너머에서도 가치가 있고 실제 세계의 도전에 근거를 둔 문제를 해결할 수 있음을 증명하는 과제. 특히 자신의 활동 결과가 지역사회에 유용하다고 생각할 때 동기가 생긴다.

영속적 이해(enduring understanding). 학생은 흥미로운 주요 아이디어에 대해 숙고하고 주제를 정의하는 기저 개념과 관련하여 그들 고유의 의미를 구성한다. 학생은 새로운 상황에 그들의 지식을 어떻게 적용하는지 배우고 그들이 아는 것을 실제 세계 문제를 해결하는 데에 사용한다.

옵션 메뉴(menu of options). 차별화 수업의 한 방법. 교사는 학생이 수업의 바라는 결과에 도달하도록 도울 서로 다른 활동을 결정하고, 학생에게 완료할 활동을 선택할 기회를 준다.

이해의 측면(facets of understanding). 학생이 이해를 증명할 수 있는 여섯 가지 방법. 여기에는 설명하고, 해석하고, 적용하고, 새로운 관점을 표명하고, 공감하고, 자기지식을 증명하는 것이 포함된다.

자동성(automaticity). 과제나 작업에 대해 이해하며 신속하고 정확하게 수행하는 것. 소리와 글자의 관련성에 기초하여 단어를 해독하는 것처럼 자동적으로 과제를 수행할 수 있기 위해서는 학생이 절차를 내면화하여 그것들을 쉽고 정확하게 수행할 수 있도록 충분히 연습해야 한다. 이것은 학생의 정신을 자유롭게 하여 텍스트의 의미를 생각할 수 있게 한다.

자료(data). 정보. 자료기반 교육적 의사결정에서 교육자는 수업에 대한 의사결정을 하고 교육적 계획을 수립하기 위해 학생에 대한 자료를 수집하고, 분석하고, 해석하는 과정을 겪는다. 이 자료에는 학생의 성취 수준, 출석 기록, 활동 성향 관찰, 태도 조사, 흥미, 학습 방식에 대한 정보 등이 포함될 수 있다. 자료는 공식적 혹은 비공식적 평가, 성적표, 일화 기록, 관찰, 포트폴리오, 조사, 인터뷰 등을 통해 수집될 수 있다.

절차적 목표 혹은 절차적 학습 목표(procedural objectives or procedural learning targets). 수업 결과로서 교사가 학생이 보여 주기를 바라는 기술(혹은 학생들이 할 수 있어야 하는 것). 여기에는 서로 다른 작업을 수행하기 위한 단계, 전략, 과정이 포함된다. 교사는 새로운 절차와 이전에 배운 것 사이의 연결 관계를 설명하고, 새로운 절차를 시범 보이고, 학생에게 그것을 연습할 기회를 주어 그들이 절차적 지식을 습득하도록 도울 수 있다. 교사는 학생이 그들만의 절차를 구체화하도록 하고, 절차가 다양한 맥락에서 어떻게 적용될 수 있는지 보여 주고, 연습할 기회를 줄 수 있다. 교사는 또한 학생이 과정을 더 효율적으로 사용하게 되도록 그것에 대해 반성하고 변화를 기록하도록 할 수도 있다.

전통적 평가(traditional assessments). 일반적으로 수렴적(혹은 특히 옳은) 대답을 요구하는 지필 테스트.

점진적 책임 이양 모형(Gradual Release of Responsibility Model).　Pearson과 Gallagher (1993)가 개발한 수업 접근 모형. 새로운 정보를 이해하고 사용하는 것에 대한 책임이 시간이 갈수록 교사 주도 수업에서 학생 독립으로 점점 옮겨 간다. 일반적인 단계는 교사 시범, 유도된 연습, 독립 연습, 적용, 반성, 공유로 이루어진다.

정렬(alignment).　학생이 성취기준을 충족시키기 위해 필요한 기능과 정보를 효율적이고 효과적으로 배우도록 한 학년 수준 내에서와 서로 다른 학년 수준 간에 교육과정 및 수업을 통일함. 수평적 정렬(특정 학년 내)은 한 학년 내 모든 교실 및 학교에서 가르치는 것에 일관성을 유지하도록 한다. 수직적 정렬(한 학년 수준에서 다음 학년 수준으로)은 한 학년 수준의 교육과정과 다음 학년 수준의 교육과정 사이에 격차가 벌어지지 않고 정보가 중복되지 않게 하는 것이다.

조건화된 지식(conditionalized knowledge).　서로 다른 상황이나 서로 다른 조건에서 사용될 수 있는 지식. 학교에서 배우는 것의 다수가 무기력한 지식으로 이어진다. 무기력한 지식은 학생이 학교에서 제시되는 특정한 문제를 해결할 때만 사용할 수 있고 새로운 맥락에서 전이되지 않는다. 학생이 조건화된 지식을 습득하도록 돕기 위해 교사는 그들이 어디서, 언제, 어떻게 새로운 지식을 새로운 맥락에 적용할 수 있는지 설명하고 (보여 주고) 그것을 연습할 기회를 줘야 한다.

조형(shaping).　절차를 자신의 것으로 만들기 위해 일련의 절차를 내면화하는 것. 이것은 절차가 장기기억에 저장되도록 하기 위한 과정 중 하나다. 조형은 학습자가 과정에 참여하기를 요구한다. 학습자는 일반적으로 특정 과제를 어떻게 성취하는지에 대한 기본적 모형 혹은 일련의 절차로부터 시작한다. 그런 다음 학습자는 문제에 대한 활동을 하고 과정을 보다 효과적이고, 효율적이고, 실행 가능하도록 절차가 적용되는 방식에 변화를 준다.

주요 아이디어(big ideas).　학습자가 과목이나 주제를 이해할 수 있게 돕는 프레임워크로 사용될 수 있는 기저 개념, 이론, 원리, 테마.

중재 전략(intervention strategies).　교육과정의 특정 측면에 대해 고군분투하는 학생을 돕는 데 사용되는 구체적인 지도 기법.

지식의 전이(transfer of knowledge). 한 사람이 학습한 것을 새로운 상황이나 새로운 맥락에 적용하는 능력. 교사는 학생이 다양한 상황에서 새로운 정보를 어떻게 적용할 수 있는지 설명하고 보여 주고, 이것을 직접 해 볼 연습 시간을 주어 그들이 찾은 연관성에 대해 반성하도록 함으로써 그들이 지식을 전이하도록 도울 수 있다.

진단평가(diagnostic assessments). 보통의 향상도가 결여된 이유가 분명하지 않을 때 숙련된 전문가가 부진 학생들에게 실행하는 시험 도구. 진단평가는 부진 학생의 결손 특성과 그것의 특정한 근원에 대해 상세한 정보를 제공하기 위해 고안된다.

차별화(differentiation). 한 학급에서 서로 다른 기능 수준, 서로 다른 학습 방식, 서로 다른 흥미를 가진 학생들의 다양한 요구에 부합하도록 수업의 초점을 맞추는 것. 신중하게 구조화된 차시 수업, 기법, 과제를 통해 교사는 내용(가르쳐지는 것), 과정(학생이 학습하는 방법), 결과물(학생이 생산하도록 기대되는 것)을 차별화할 수 있다.

총괄평가(summative assessments). 학생이 수업을 통해 학습한 것을 판단하는 데 사용되는 측정. 이것은 수업의 결과를 드러내는 데 사용된다. 이는 지필 형식, 수행기반, 프로젝트 기반, 문제해결 등의 형태로 시행될 수 있다. 이것의 예로 연방, 주, 지역 수준 평가, 최종 프레젠테이션, 단원 평가, 중간기말 평가 등이 있다.

탐구기반 학습(inquiry-based learning). 교사의 강의보다 학생의 질문에 의해 이끌어지는 교육적 접근. 학생은 호기심이 가고 실제 세계에 근거한 문제를 탐구하고 해결한다. 문제해결학습에서 학생은 소집단 활동을 통해 실제적 문제나 실제 세계 상황을 반영하는 문제의 해결책을 찾는다. 그들은 문제의 다양한 측면에 대해 브레인스토밍하고, 그것에 대해 조사하고, 적절한 학습 자료를 찾고, 어떻게 그것을 풀지 알아낸다. 창의적 문제해결 수업에서 학생은 문제를 새로운 방식으로 보고 대상을 다양한 관점으로 봄으로써 실제 세계 문제에 대해 자신만의 독립적이고 창의적인 해결 방안을 개발한다. 발견학습에서 학생은 질문을 한다. 그들은 주제나 과목에 포함된 일반적 개념, 주요 아이디어, 지배적인 원리를 이해하기 위해 자료를 탐색하고 모으고, 불확실성을 해결하려고 노력하고, 논란이 되는 점을 검토하고, 가설을 시험하고, 실험을 수행한다.

평가(assessment).   학생의 지식, 기능, 이해, 수행, 태도, 신념 등을 측정하고 평가하는 과정. 평가는 공식적일 수도 있고 비공식적일 수도 있다. 평가에는 형성평가, 총괄평가, 참평가, 전통적 평가, 수행평가, 선별평가, 진단평가, 일화 평가, 향상도 모니터링 평가 등을 비롯하여 많은 유형이 있다.

평가 체크리스트(evaluation checklist).   지필 혹은 수행 과제 및 평가를 성공적으로 완성하기 위한 기준의 목록.

프로젝트 학습 혹은 문제해결학습(project- or problem-based learning).   학생의 조사와 탐구를 위주로 설계된 수업. 학생은 하고 있는 활동으로부터 주제나 과목의 중요 아이디어에 대한 의미를 구성하고 연결 관계를 찾기를 요구하는 개방형 프로젝트를 완료하거나 복잡한 문제를 해결해야만 한다. 이것의 한 가지 예는 학생이 생물권을 만들어 봄으로써 동물과 식물이 서로에게 어떻게 의존하는지 배우도록 하는 것이 될 수 있다.

학습 계약(learning contracts).   학습자의 개별화된 학습 목표, 목표 성취 방법, 시간 틀, 평가 방식, 과제, 그리고 목표 성취를 촉진시켜 주는 다양한 수행 과제들을 자세히 설명하여 교사와 학생이 함께 학습하는 것. 학습 계약은 성공을 위한 행동 기대를 포함하기도 한다.

학습 목표(learning targets).   교사가 제공하는 수업의 결과로서 학생이 알고 할 수 있기를 원하는 것.

학습 방식(learning styles).   한 사람이 선호하는 학습 방법. 이 방법에는 정보 청취, 정보 읽기, 문제해결, 프로젝트 구성, 혼자 활동하기, 집단 활동 등이 포함될 수 있다. 학습 방식 조사 목록은 학습에 대한 그들의 개인적 선호를 결정하도록 질문을 제기한다. 이 조사 목록은 교사들이 소규모 혹은 개인별 수업을 계획하는 데에 유용하다.

학습 센터 혹은 스테이션(learning centers or stations).   장소를 기반으로 하거나 휴대용 폴 더 혹은 통에 비치되어 있는 직접 해 보는 활동들. 여기에는 학생을 특정 목표로 이끄는 읽기와 쓰기 과제, 학습 게임, 듣기 활동, 컴퓨터 기반 과제, 만들기 활동, 상황극, 조작 탐구, 학업 대회, 실험 등이 포함된다. 학생은 완료하고 싶은 활동 센터를 택하거나 모든 센터를 순회한다. 서로 다른 학생들은 기능, 세련도, 복잡성이 서로 다른 결과물을 생산하도록 요구될 수도 있다.

학습자중심 학습(student-centered learning).   학생은 자신의 교육에서 능동적 참여자가 되어 책임 있는 역할을 수행한다. 교사는 그들의 요구, 능력, 흥미, 선도되는 학습 방식에 맞추어 학습 환경을 구조화한다. 그런 다음 교사는 학생이 능동적 탐구에 참여하는 동안 주로 조력자의 역할을 한다.

향상도 모니터링(progress monitoring).   학생이 교수되는 내용을 학습하고 있는지, 힘겨워하는 학생을 위한 중재 전략이 효과적인지 교사가 판단하도록 하는 평가.

형성평가(formative assessment).   추후 수업에 정보를 주고 그것을 학생 요구에 맞추기 위해 학생 성취에 대한 자료를 모으는 데 사용되는 공식적 혹은 일화적 측정.

Bloom의 분류표(Bloom's Taxonomy).   Benjamin Bloom이 창안한 목록으로, 학습을 가장 기본적인 것부터 가장 복잡한 것까지 범주별로 정리함. 이 범주는 기억, 이해, 적용, 분석, 평가, 창조로 구성된다.

Kaplan의 깊이와 복잡성 모형(Kaplan's Depth and Complexity Model).   깊이와 복잡성의 상호 연관적 특성과 어떻게 그것들이 서로를 강화하는 데 사용될 수 있는지 보여 준다. Kaplan은 어휘력 개발에서부터 세부 사항, 패턴, 경향, 미해결 질문, 지배적인 규칙, 도덕 원리, 마지막으로 주제나 과목의 주요 아이디어를 찾는 것에 이르기까지, 학생을 더 깊은 지식과 이해로 안내하는 여덟 가지 전략을 설명한다. Kaplan은 또한 주제를 오래 공부하기, 다양한 관점에서 검토하기, 상호 연관된 학문을 통해 연구하기를 통해 학생을 더 복잡한 이해로 유도하는 세 가지 전략을 상세히 설명한다. Kaplan의 전략을 이용하여 수업을 차별화할 때, 당신은 주제의 깊이나 복잡성에 근거하여 질문/과제를 학생이 조사하고 답할 준비가 된 것으로 조정한다.

SMART 목표(SMART Goals).　강력한 목표를 설정하는 데 사용되는 기억 장치. 이 글자들은 구체적인(specific), 측정 가능한(measurable), 달성할 수 있는(attainable), 현실적인(realistic), 시간 제한적(time-bound)이라는 용어를 의미한다.

3단 지력(Three-Story Intellect).　Bloom의 분류표를 단순화한 형식. 여기에는 정보 수집, 이해를 위한 정보 처리, 정보 활용의 3단계가 포함된다. 3단 지력에 근거한 질문과 과제는 학생의 준비도에 맞게 조정될 수 있다.

6+1 쓰기 속성(Six+1 Traits of Writing).　아이디어, 체계성, 표현, 문장 흐름, 단어 선택, 관습, 발표를 포함하는 학생 글쓰기 평가 기준.

참고 문헌

Allington, R. (2002). You can't learn much from books you can't read. *Educational Leadership, vol. 60*:16-19.

Anderson, L. W., & Krathwohl, D. R. (2001). *A taxonomy for learning, teaching and assessing: A revision of Bloom's taxonomy of educational objectives,* complete edition. New York: Longman.

Baccellieri, P. (2010). *Professional learning communities: Using data in decision making to improve student learning.* Huntington Beach, CA: Shell Education.

Bernhardt, V. (2004). *Data analysis for continuous school improvement.* Larchmont, NY: Eye on Education, Inc.

Bransford, J. D., Brown, A. L., Cocking, R. R., & National Research Council. (1999). *How people learn brain, mind, experience, and school.* Washington, D.C.: National Academy Press.

Case, B., & Zucker, S. (2005). *Horizontal and vertical alignment.* Presented at the China-U.S. Conference on Alignment of Assessments and Instruction in Beijing, China

Chan, W. (1963). *The way of Lao Tzu.* New York: Prentice-Hall.

Chase, C. I. (1999). *Contemporary assessment for educators.* New York: Addison-Wesley Longman.

Collins, A. (1996). Design issues for learning environments. In *International*

Perspectives on the Psychological Foundations of Technology-based Learning Environments. 347–361. Mahwah, NJ: Lawrence Erlbaum Associates.

Conklin, W. (2006). *Instructional strategies for diverse learners.* Huntington Beach, CA: Shell Education.

Conklin, W. (2009). *Applying differentiated strategies: Teachers handbook for secondary.* Huntington Beach, CA: Shell Education.

Conklin, W. (H. Isecke, contributing author). (2010). *Differentiated strategies in mathematics.* Huntington Beach, CA: Shell Education.

Costa, Arthur L. (2007). *The school as a home for the mind: Creating mindful curriculum, instruction, and dialogue.* Thousand Oaks, CA: Corwin Press.

Culham, R. (2003). *6+ 1 traits of writing.* New York: Scholastic.

Diaz, D. P., & Cartnal, R. B. (1999). Students' learning styles in two classes: Online distance learning and equivalent on-campus. *College Teaching, vol. 47.*

Donelson, W. J., & Donelson, R. W. (2010). *Implementing response to intervention.* Huntington Beach, CA: Shell Education.

Duch, B. (1999). Problem-based learning. *Institute for Transforming Undergraduate Education: Problem-Based Learning at University of Delaware.* http://www.udel.edu/pbl/.

DuFour, R. (2004). Schools as learning communities. *Educational Leadership, vol. 61:*6–11.

Edina Minnesota Public Schools. (2009). Six traits of writing: Online writing lab for elementary students. *Edina Public Schools.* http://www.edina.k12.mn.us/concord/teacherlinks/sixtraits/sixtraits.html.

Elbow, P. (1998). *Writing without teachers.* New York, NY: Oxford University Press.

Ertmer, P. A., & Newby, T. J. (1996). The expert learner: Strategic, self-regulated, and reflective. *Instructional Science 24:* 1–24. Netherlands: Kluwer Academic Publishers.

Fisch, K., & McLeod, S. (2007). *Did you know?/Shift happens.* http://www.youtube.com/watch?v=ljbI-363A2Q.

Gardner, H. (1993). *Frames of mind: The theory of multiple intelligences.* New York: Basic Books.

Garrison, C., & Ehringhaus, M. (n.d). Formative and summative assessments in the classroom. *National Middle School Association.* http://www.nmsa. org/Publications/

Glasser, W. (1992). Quality, trust, and redefining education. *Education Week,* May 13.

Glasser, W. William Glasser quotes. *ThinkExist.com.* http://thinkexist.com/ quotes/william_glasser/.

Hardin, G. (1968). The tragedy of the commons. *Sciences.* 162 no. 3859 (December 13):1243-1248. http://www.sciencemag.org/cgi/content/abstract/ 162/3859/1243.

Harel, I., & Papert, S. (1991). *Constructionism.* Norwood, NJ: Ablex.

Harris, J. H., & Katz, L. G. (2000). *Young investigators: The project approach in the early years.* New York: Teachers College Press.

Harvey, S. (1998). *Nonfiction matters.* Portland, ME: Stenhouse.

Hudson, B. (2004). Active thoughts about passive learning. *Musings: Pedagogically speaking‒5531 rhetorical ways to skin a class.* http://blog.lib.umn.edu/arrig002/5531/005721.html.

Jacobs, H. H. (1997). *Mapping the big picture, integrating curriculum and assessment K‒12.* 26, 67, 30, 31. Virginia: Association for Supervision and Curriculum Development.

Jensen, E. (1998). *Teaching with the brain in mind.* Alexandria, VA: Association for Supervision and Curriculum Development.

Kaplan, S. (2001). *Lessons from the middle: High‒end learning for middle-school students.* Waco, TX: Texas Association for the Gifted and Talented.

Lavoie, R. (2005). Fairness: To each according to his needs. RickLavoie.com. http://www.ricklavoie.com/fairnessart.html.

Leipzig, D. H. (2000). Differentiated classroom structures for literacy instruction. Adapted from: Differentiated or just different? *Reading Rockets.* http://www.readingrockets.org/article/264

Lerman, L. (2003). *The critical response process‒A method for getting useful feedback on anything you make, from dance to dessert.* Takoma Park, MD: Liz Lerman Dance Exchange.

Levack, W. (2007). Smart goals: Who created this acronym? *Goal Setting and Achievement.* University of Otago, Wellington, New Zealand. http://www.effexis2.com/forum/showthread.php?t=1546

Marzano, R. J. (1992). *A Different kind of classroom: Teaching with dimensions of learning.* Alexandria, VA: Association for Supervision and Curriculum Development.

Marzano, R. J., Pickering, D. J., & Pollock, J. E. (2001). *Classroom instruction that works: Research-based strategies for increasing student achievement.* Alexandria, VA: Association for Supervision and Curriculum Development.

McKenzie, J. (1998). The WIRED classroom, creating technology enhanced student-centered learning environments. *From Now On, The Education Technology Journal.* http://www.FNO.org. March, vol. 7: no. 6.

McPherson, F. (2001). About expert knowledge. *Mempowered.* http://www.memory-key.com/improving

McTighe, J., & Seif, E. (2003). *A summary of underlying theory and research based for Understanding by Design.* Unpublished manuscript.

Mertler, C. A. (2001). Using performance assessment in your classroom. *Unpublished manuscript.* Ohio; Bowling Green State University.

Mobus, G. (2007). From whence cometh wisdom? *George Mobus' Research Interests.* http://faculty.washington.edu/gmobus/research.html.

Mueller, J. (2008). What is authentic assessment? *Principles of Authentic Assessment.* North Central College. Naperville, Illinois. http://princiesauthenticassessment.blogspot.com.

Nikitina, A. (2001). *Educational assessment of students* (3rd ed.) Uppersaddle River, NJ: Prentice Hall, Inc.

Nikitina, A. (2010). Smart goal setting: A surefire way to achieve your goals. *Goal Setting Guide.*

Office of Communications and Public Liaison National Institute of Neurological Disorders and Stroke. (2005). *The life and death of a neuron.* Bethesda, MD: National Institutes of Health.

Papert, S. (2009). Project-based learning: What works in public education. *Edutopia*. The George Lucas Educational Foundation. http://www. edutopia.org/seymour-papert-project-based-learning.

Pearson, P. D., & Gallagher, M. C. (1983). The instruction of reading comprehension. *Contemporary Educational Psychology, vol. 8*:317–344.

Perfetto, G. A., Bransford, J. D., & Franks, J. J. (1983). Constraints on access in a problem solving context. *Memory and Cognition, vol. 11*:24–31.

Perl, S. (1995). *Landmark essays on writing process*. Davis, CA: Psychology Press.

Perry, B. (2000). How the brain learns best. *Instructor magazine*. November/ December.

Peters, T. (1994). *The pursuit of wow! Every person's guide to topsy-turvy times*. New York: Vintage Books.

Purcell, J., & Burns, D. (2004). Capturing the essence of curriculum differenti ation. *The Trillium*. ASCD. Ontario.

Schacter, D. L. (1992). Understanding implicit memory. *American Psychologist, vol. 47:559–569*.

Shillinger, R. (n.d). *Contemporary Educational Psychology*. http://schillingered ucationalconsultants.com.

Simon, H. A. (1996). *Observations on the sciences of science learning*. Paper prepared for the Committee on Developments in the Science of Learning for the Sciences of Science Learning: An Interdisciplinary Discussion. Department of Psychology, Carnegie Mellon University.

Smith, M. K. (2002, 2008). Howard Gardner and multiple intelligences. *The Encyclopedia of Informal Education*. http://www.infed.org/thinkers /gardner.htm.

Sprenger, M. (2002). *Becoming a wiz at brain-based teaching: How to make every year your best year*. Thousand Oaks, CA: Corwin Press.

Sprenger, M. (2008). *The Developing brain: Birth to age eight*. Thousand Oaks, CA: Corwin Press.

Stiggins, R. J., & Valencia, S. (1997). *What are the different forms of authentic assessment?* Orlando, Florida: Houghton Mifflin Company. http://www.eduplace.com/rdg/res/litass/forms.html.

Thomas, J. W. (2000). A review of research on project-based learning. *Buck Institute for Education: Project-based learning for the 21st century.* Novato, CA: Buck Institute for Education. http://www.bie.or/index.php/site/RE/pbi_Research.29

Tileston, D. W. (2003). *What every teacher should know about learning, memory, and the brain.* Thousand Oaks, CA: Corwin Press.

Tileston, D. W. (2004). *What every teacher should know about instructional planning.* Thousand Oaks, CA: Corwin Press.

Tomlinson, C. A. (1995). *How to differentiate instruction in mixed-ability classrooms.* Alexandria, VA: Association for Supervision and Curriculum Development.

Tomlinson, C. A., & McTighe, J. (2006). *Integrating differentiated instruction and understanding by design.* Alexandria, VA: Association for Supervision and Curriculum Development.

Wiggins, G. (n.d.). Big ideas–Exploring the essential questions of education. *Big Ideas: An Authentic Education e-Journal.* http://www.authenticeducation.org/bigideas

Wiggins, G. (2006). UbD in a Nutshell.pdf. http://74.125.47.132/search?q=cache:YLnPE1cCt9kJ:ubd21c.wikispaces.com/file/view/UbD_nutshell.pdf+UbD+in+a+Nutshellandcd=1andh1=enandct=clnkandg1=usandclient=firefox-a.

Wiggins, G., & McTighe. J. (1998). *Understanding by design.* Alexandria, VA: Association for Supervision and Curriculum Development.

Wiggins, G., & McTighe, J. (2005). *Understanding by design: Expanded* (2nd ed.). Alexandria, VA: Association for Supervision and Curriculum Development.

Wong, H., & Wong, R. (1998, 2001). *The first days of school: How to be an effective teacher.* Mountainview, CA: Harry K. Wong Publications.

Wormeli, R. (2007). *Differentiation: From planning to practice, grades 6-12.* Portland, ME: Stenhouse.

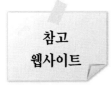

참고
웹사이트

6 Traits of Writing. Edina Public Schools.
http://www.edina.k12.mn.us/concord/teacherlinks/sixtraits/sixtraits.html

Archives of Information on Priorities of Previous Administrations, 2001-2009.
U.S. Department of Education.
http://www.ed.gov/about/overview/mission/archived-priorities.html.

Big Ideas: An Authentic Education e-Journal. Authentic Education.
http://www.authenticeducation.org/bigideas/article.lasso?artId=108

Designing Scoring Rubrics for Your Classroom. Practical Assessment, Research
& Evaluation.
http://pareonline.net/getvn.asp?v=7&n=25

Educational Standards. Mid-continent Research for Education and Learning
http://www.mcrel.org/compendium/topicsDetail.asp?topicsID=69&subjectID=2

Essential Questions. Greenville, MI Public School System.
http://www.greenville.k12.sc.us/League/esques.html.

Genesee Community Charter School Curriculum. Genesee Community Charter School at the Rochester Museum and Science Center.
http://wwvv.gccschool.org/about.

Motivational and Inspirational Quotes About Education.
Motivational and Inspirational Corner…America's System for Success.
http://www.motivational-inspirationalcorner.com/getquote.html?startrow=
11andcateg oryid=228.

Quotes on Education. Donald Simanek's Pages.
http://www.lhup.edu/~dsimanek/eduquote.htm.

SMART Goal Setting: A Surefire Way To Achieve Your Goals.
Goal Setting Guide.
http://www.goal-setting-guide.com/smart-goals.html

A Review of Research on Problem Based Learning. Buck Institute for Education.
http://www.bie.org/index.php/site/RE/pbl_research/29

UbD Research. TeacherLingo.
http://teacherlingo.com/blogs/weteachteachers/archive/2008/03/04/ubd-research.aspx

What Are the Different Forms of Authentic Assessment?
Education Place.
http://www.eduplace.com/rdg/res/litass/forms.html

What is Authentic Assessment? Authentic Assessment Toolbox.
http://jonathan.mueller.faculty.noctrl.edu/toolbox/whatisit.htm

찾아보기

[인 명]

A

Allington, R. 163

B

Baccellieri, P. 64
Bernhardt, V. 115
Bloom, B. 204
Bransford, J. D. 26, 62, 83, 92
Brown, A. L. 26, 83, 92
Bryan, W. L. 25
Burke, E. 42
Burns, D. 168, 171

C

Chase, C. I. 122
Cocking, R. R. 26, 83, 92
Collins, A. 61

C

Conklin, W. 163, 174
Culham, R. 123

D

Dewey, J. 45
Dole, W. 46
DuFour, R. 64

E

Elbow, P. 127
Fisch, K. 155

G

Gallagher, M. C. 183, 201
Gardner, H. 196
Glasser, W. 53, 73

[내 용]

Harriet Isecke(MA and M. Ed.)

35년 동안 교사로서 근무하였으며, 리터러시 코치, 지역 교육청 관리자로 일하고
있다. 전국적으로 교육 우수상을 여러 번 수상한 적도 있는 매우 유명한 교육 전
문가다. 그녀는 주로 학생과 교사를 위하여 다양한 저서를 출간 하였는데, 아동용
그림책, 연극 각본, 초등학생용 자료 가이드북, 차별화된 수업 자료들을 제작하기
도 하였다. 그녀는 지금도 지역이나 전국을 돌면서 강연을 다니고 있고, 국제적으
로도 유명한 인사이기도 하다. 동시에 K-12 교육자들을 위한 워크숍도 실시하고
있다.

역자 소개

강현석

경북대학교 대학원 교육학 석사
경북대학교 대학원 교육학 박사
University of Wisconsin-Madison 박사후 과정
한국대학교육협의회 선임연구원 역임
한국교육과정학회 부회장, 교육부 교육과정심의위원(고등학교 심의위원장)
현 경북대학교 사범대학 교육학과 교수

〈저서 및 역서〉
거꾸로 생각하는 교육과정 개발(학지사, 2008)
최신 교육과정 개발론(학지사, 2011)
백워드로 시작하는 창의적인 학교 교육과정 설계(학지사, 2015)

이지은

대구교육대학교 교육대학원 교육학 석사
경북대학교 대학원 교육학 박사
경북대학교, 대구교육대학교 외래 교수
현 경진초등학교 교사

〈저서 및 역서〉
백워드 설계모형을 적용한 이해중심 교육과정 개발(경북대, 2011)
신교육목표분류학 탐구: 교육목표 설계와 평가(교육과학사, 2015)

정수경

경북대학교 교육대학원 교육학 석사
경북대학교 대학원 교육학 박사
경북대학교, 대구교육대학교 외래 교수
현 금계초등학교 교사

〈저서 및 역서〉
백워드로 시작하는 창의적인 학교 교육과정 설계(학지사, 2015)

백워드 설계와 수업 전문성
Backwards Planning

2016년 6월 30일 1판 1쇄 발행
2022년 3월 20일 1판 6쇄 발행

지은이 • Harriet Isecke

옮긴이 • 강현석 · 이지은 · 정수경

펴낸이 • 김 진 환

펴낸곳 • (주)**학지사**

04031 서울특별시 마포구 양화로 15길 20 마인드월드빌딩 5층

대표전화 • 02) 330-5114   팩스 • 02) 324-2345

등록번호 • 제313-2006-000265호

홈페이지 • http://www.hakjisa.co.kr

페이스북 • https://www.facebook.com/hakjisabook

ISBN 978-89-997-0977-7 93370

정가 **15,000원**

이 도서의 국립중앙도서관 출판시도서목록(CIP)은 서지정보유통지원시스템 홈페이지(http://seoji.nl.go.kr)와 국가자료공동목록시스템(http://www.nl.go.kr/kolisnet) 에서 이용하실 수 있습니다.

(CIP제어번호: CIP2016014259)

출판 · 교육 · 미디어기업 **학지사**

간호보건의학출판 **학지사메디컬** www.hakjisamd.co.kr
심리검사연구소 **인싸이트** www.inpsyt.co.kr
학술논문서비스 **뉴논문** www.newnonmun.com
원격교육연수원 **카운피아** www.counpia.com